L'Encyclopédie du Football

Livre officiel FIFA

Texte : Emily Stead
Design et maquette : RockJaw Creative et Matt Drew
Édition : Suhel Ahmed
Recherche iconographique : Paul Langan
Fabrication : Arlene Alexander

92, avenue de France 75013 Paris – www.lisez.com
Traduction : Idriss Chaplain
PAO : Romain Poiré
Suivi éditorial : Julie Galante Fouquet

ISBN : 978-2-3240-2934-9
Dépôt légal : octobre 2021. Imprimé en Italie.

Loi n°49-956 du 16 juillet 1949 sur les publications destinées à la jeunesse, modifiée par la loi n°2011-525 du 17 mai 2011.

Ce livre est sous licence de la FIFA mais son contenu n'a pas été fourni ni approuvé par la FIFA. La FIFA ne garantit pas l'exactitude ou l'exhaustivité du contenu et des informations et décline toute responsabilité quant aux dépenses, pertes, dommages et coûts susceptibles d'être engagés par une quelconque personne en lien avec ce contenu et ces informations.

PRINCIPALES SOURCES DE RÉFÉRENCE

Fédération Internationale de Football Association (FIFA)
www.fifa.com

Union européenne de Football Association (UEFA)
www.uefa.com

Confédération de Football d'Amérique du Nord, d'Amérique centrale et des Caraïbes (CONCACAF)
www.concacaf.com

Confédération sud-américaine de football (CONMEBOL)
www.conmebol.com

Confédération africaine de Football (CAF)
www.cafonline.com

Confédération asiatique de Football (AFC)
www.the-afc.com

Confédération océanienne de Football (OFC)
https://www.oceaniafootball.com/

The Football Association (FA)
www.thefa.com

Encyclopaedia Britannica
https://www.britannica.com/sports/football-soccer
BBC Sport Football
www.bbc.co.uk/sport/football
https://www.bbc.co.uk/sport/football/womens

Fédération internationale de l'histoire du football et des statistiques
https://iffhs.de/

Guinness World Records
https://www.guinnessworldrecords.com/

The Rec.Sport.Soccer Statistics Foundation
www.rsssf.com

L'éditeur, et non la FIFA, est seul responsable de l'exactitude factuelle et des conventions nominales de toute organisation et tout tournoi non-géré par la FIFA au sein de cet ouvrage. Toute erreur ou omission non intentionnelle sera corrigée dans les futures éditions de cet ouvrage.

Les statistiques et chiffres de ce livre sont arrêtés à juillet 2021.

L'Encyclopédie du Football

Livre officiel FIFA

Gründ

SOMMAIRE

FIFA
WORLD CUP
TM

L'ÉVOLUTION DU FOOTBALL

Pendant des centaines d'années, les sports de balle simples étaient nombreux. Mais ce n'est qu'à partir du milieu du 19e siècle que les règles du football ont été rédigées pour donner forme au sport que l'on connaît aujourd'hui. De nos jours, plus de quatre milliards de fans (soit plus de la moitié de la population mondiale) soutiennent une équipe de football.

Zoom sur le ballon officiel de la Coupe du Monde de la FIFA 2018™ en Russie, lors d'un match entre le Maroc et l'Iran.

LES ORIGINES DU FOOTBALL

Si le football moderne est né en Grande-Bretagne, de nombreuses autres versions de ce sport étaient auparavant pratiquées aux quatre coins du globe. Ces jeux de balle antiques ont contribué à l'évolution du football en jouant un rôle important au cours de son histoire.

Le *cuju*, antique jeu de balle chinois, aurait servi d'exercice d'entraînement aux soldats du temps de la dynastie Han (206 av. J.-C. - 220 apr. J.-C.).

1600 av. J.-C.

JEU DE BALLE ANTIQUE

Les premières traces d'un sport collectif impliquant une balle remontent au temps des Mayas et des Aztèques. La balle était en gomme, et le terrain en pierre. Quand l'un des joueurs passait la balle dans un anneau de pierre placé au centre du terrain, son équipe l'emportait.

800 av. J.-C.

JEU GREC

L'*Episkyros* était joué en Grèce en 800 av. J.-C. environ. Les joueurs (12 par équipe) se passaient le ballon à la main, de nombreuses règles ressemblaient à celles du football. Ce jeu était pratiqué sur un terrain délimité par des lignes blanches.

200 av. J.-C.

LE CUJU EN CHINE

Le premier jeu où les joueurs devaient frapper le ballon du pied a été inventé en Chine il y a plus de 2 000 ans : c'était le *tsu'chu* ou *cuju*. On utilisait un ballon de cuir compact rembourré de plumes. Les joueurs devaient marquer sans utiliser les mains ou les bras.

146 av. J.-C.

L'HARPASTUM À ROME

Après avoir conquis la Grèce, les Romains se sont approprié les jeux de balle locaux pour créer leur propre version, l'*harpastum*. Le principal changement apporté résidait dans l'autorisation de frapper le ballon du pied.

Deux équipes issues de pensionnats anglais lors d'un match de ***field game*** **(littéralement, le « jeu de terrain »), ancêtre du football, au 19e siècle.**

1070-1400

LE FOOTBALL MÉDIÉVAL

Au Moyen-Âge, en Angleterre, le football se jouait le long des routes reliant les villages, sur de très vastes terrains. Le ballon était une vessie de porc gonflée qu'on frappait avec le pied ou le poing. Les matchs finissaient souvent en mêlées de joueurs, avec de graves blessures. Ils ont vite été déclarés hors la loi à cause de leur violence.

LES ANNÉES 1800

LE SPORT SCOLAIRE

Les matchs mêlant des éléments du rugby et du football tels que nous les connaissons sont devenus populaires dans les pensionnats britanniques au 19e siècle. Mais les règles variaient en fonction des écoles, elles ne pouvaient donc pas s'affronter de manière équitable. Les tentatives d'élaborations de règles officielles ont échoué car les écoles ne parvenaient pas à se mettre d'accord.

1863

FOOTBALL ASSOCIATION

En octobre 1863, un événement capital s'est tenu à Londres et a changé l'histoire du football. Quand la Fédération anglaise de football (en anglais, *the FA*) s'est créée, le tout premier règlement du football a été rédigé. La FA a alors décidé d'interdire aux joueurs de prendre le ballon à la main, mais a aussi établi la taille et le poids standard d'un ballon, entre autres décisions.

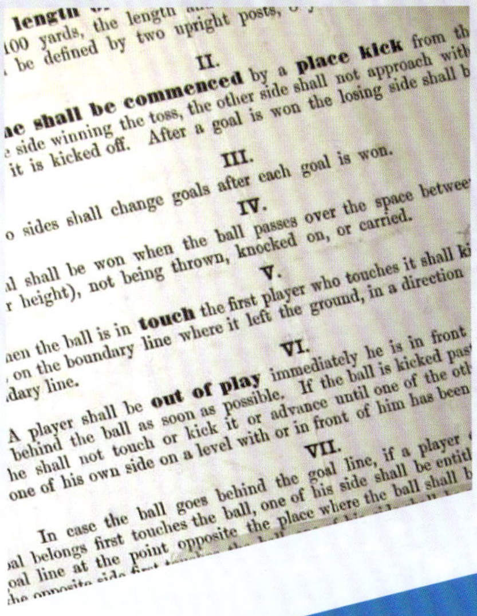

100 yards, the length
be defined by two upright posts,

II.

ae **shall be commenced** by a **place kick** from th
side winning the toss, the other side shall not approach with
it is kicked off. After a goal is won the losing side shall b

III.

o sides shall change goals after each goal is won.

IV.

al shall be won when the ball passes over the space betwee
r height), not being thrown, knocked on, or carried.

V.

aen the ball is in **touch** the first player who touches it shall ki
on the boundary line where it left the ground, in a direction
dary line.

VI.

A player shall be **out of play** immediately he is in front
behind the ball as soon as possible. If the ball is kicked pas
he shall not touch or kick it or advance until one of the oth
one of his own side on a level with or in front of him has been

VII.

In case the ball goes behind the goal line, if a player
al belongs first touches the ball, one of his side shall be entitl
oal line at the point opposite the place where the ball shall b

L'ESSOR DU FOOTBALL

La première compétition majeure du football au monde, la FA Cup, s'est jouée en 1871-72. Le premier championnat national a été lancé la saison suivante. Le football s'est ensuite popularisé, les matchs ont attiré de plus en plus de monde, et les clubs ont commencé à construire d'immenses stades.

En 1889, l'équipe de Preston North End a été surnommée « Les Invincibles » après avoir décroché le titre de champion sans perdre le moindre de ses 22 matchs.

LES PREMIÈRES DU FOOTBALL

1872 RENCONTRE INTERNATIONALE : Écosse – Angleterre

1872 VICTOIRE EN FA CUP : Wanderers FC

1889 VICTOIRE EN CHAMPIONNAT : Preston North End

Les pionniers du football ont lancé la FA Cup dans les années 1880.

LES PRÉMICES DU PROFESSIONNALISME

Au départ, la FA interdisait aux clubs de payer les joueurs. Les clubs anglais, comme Preston North End, ont donc utilisé l'argent de leur billetterie pour couvrir les dépenses de leurs joueurs. Sous la pression des clubs et des joueurs, la FA a changé son règlement en 1885 et imposé un salaire maximal de 1893 à 1945. En 1961, elle a finalement levé ces restrictions salariales car les joueurs menaçaient de faire grève s'ils n'étaient pas rémunérés à leur juste valeur.

L'attaquant Willie Groves (entouré) sous les couleurs de West Bromwich Albion.

LES PLUS GROS TRANSFERTS

En 1893, Aston Villa a déboursé 100 £ (environ 115 €) pour attirer Willie Groves, alors joueur de West Bromwich Albion. De nos jours, les joueurs passent d'un club à l'autre pour des montants colossaux durant deux périodes de transferts : le mercato hivernal et le mercato estival. En 2017, le PSG est entré dans l'histoire en recrutant la star du FC Barcelone, Neymar, pour 222 millions d'euros, c'est le record du plus gros transfert.

Le Brésilien Neymar, le jour de sa signature au Paris Saint-Germain, en 2017.

TRANSFERTS RECORDS

MONTANT ESTIMÉ	DATE	JOUEUR	DE	À
115 € (100 £)	1893	WILLIE GROVES	WEST BROMWICH ALBION	ASTON VILLA
1 150 € (1 000 £)	1905	ALF COMMON	SUNDERLAND	MIDDLESBROUGH TOWN
11 150 € (10 000 £)	1928	DAVID JACK	BOLTON WANDERERS	ARSENAL
111 500 € (100 000 £)	1961	LUIS SUÁREZ	FC BARCELONE	FC INTERNAZIONALE
1 115 000 € (1 000 000 £)	1975	GIUSEPPE SAVOLDI	BOLOGNE FC	SSC NAPOLI
11 150 000 € (10 000 000 £)	1992	JEAN PIERRE-PAPIN	OLYMPIQUE DE MARSEILLE	AC MILAN
222 000 000 € (198 000 000 £)	2017	NEYMAR	FC BARCELONE	PARIS SAINT-GERMAIN

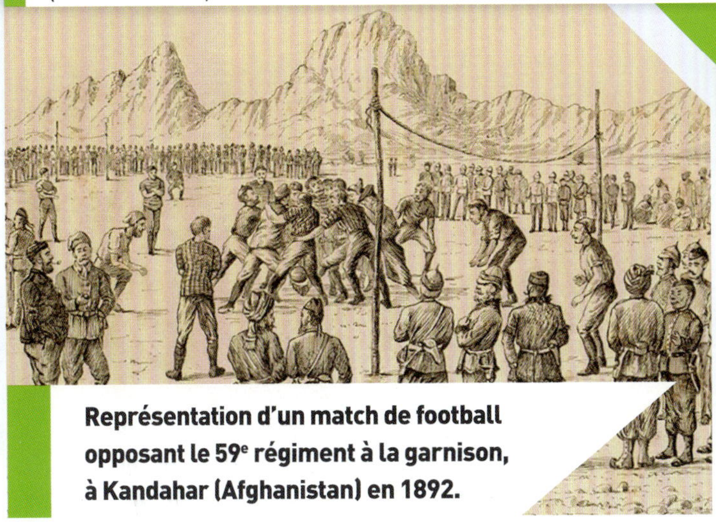

Représentation d'un match de football opposant le 59e régiment à la garnison, à Kandahar (Afghanistan) en 1892.

MONDIALISATION

La popularité du football a explosé après le passage au professionnalisme. Au début du 20e siècle, les soldats, les marins et les constructeurs de chemin de fer l'ont exporté au fil de leurs voyages au sein de l'empire britannique. Les gens sont tombés amoureux de ce sport en Europe, mais aussi en Amérique du Sud, en Amérique centrale et en Afrique. C'est ainsi que les pays ont créé leurs propres fédérations nationales.

LE FOOTBALL DANS LE MONDE

La FIFA est l'organisation en charge du football mondial. Elle régit notamment la Coupe du Monde de la FIFA™, la Coupe du Monde féminine de la FIFA™, mais aussi de nombreuses autres compétitions internationales. Le rôle de la FIFA est de s'assurer que chaque personne sur la planète ait accès au sport le plus populaire du monde. L'acronyme « FIFA » signifie Fédération internationale de Football Association. Elle a été fondée en 1904 à Paris. Aujourd'hui, la FIFA compte 211 associations nationales membres, réparties sur les six continents. Chaque continent dispose de sa propre confédération.

CONCACAF

Créée en 1961, la Concacaf gère l'organisation du football en Amérique du Nord, en Amérique centrale et dans les Caraïbes. Elle compte 41 membres, du Canada aux nations caribéennes.

COMPÉTITIONS MAJEURES

Internationales : Gold Cup Concacaf
Ligue des Nations de la Concacaf
Championnat féminin de la Concacaf

Clubs : Ligue des Champions de la Concacaf
Ligue de la Concacaf

CONMEBOL

La CONMEBOL est la plus ancienne des fédérations régionales. Fondée en 1916, elle régit le football d'Amérique du Sud et compte 10 membres.

COMPÉTITIONS MAJEURES

Internationales : Copa América CONMEBOL
Copa América Femenina CONMEBOL

Clubs: Copa Libertadores CONMEBOL
Copa Libertadores Femenina CONMEBOL
Copa Sudamericana CONMEBOL

COMPÉTITIONS MAJEURES	CRÉATION	ÉQUIPE LA PLUS TITRÉE
COUPE DU MONDE DE LA FIFA™	1930	**BRÉSIL** (cinq titres) ★★★★★
COUPE DU MONDE FÉMININE DE LA FIFA™	1991	**ÉTATS-UNIS** (quatre titres) ★★★★

UEFA

L'UEFA gère le football en Europe. Fondée en 1954, elle compte 55 membres.

COMPÉTITIONS MAJEURES

Internationales : Championnat d'Europe de l'UEFA
UEFA Nations League

Clubs : UEFA Champions League
UEFA Europa League
UEFA Women's Champions League

AFC

L'AFC organise le football en Asie et en Australie. Fondée en 1954, elle compte 47 membres.

COMPÉTITIONS MAJEURES

Internationales :
Coupe d'Asie AFC
Coupe d'Asie féminine AFC

Clubs : Ligue des Champions AFC

OFC

L'OFC est l'instance gouvernante du football en Océanie. C'est la plus jeune et de la plus petite des six confédérations. Créée en 1966, elle compte 14 membres.

COMPÉTITIONS MAJEURES

Internationales : Coupe des Nations OFC
Coupe des Nations féminine OFC

Clubs : Ligue des Champions OFC

CAF

Fondée en 1957, la CAF est responsable du football en Afrique. Elle compte 56 membres, c'est la plus grande des six confédérations.

COMPÉTITIONS MAJEURES

Internationales : Coupe d'Afrique des Nations
Coupe d'Afrique des Nations féminine

Clubs : Ligue des Champions CAF
Coupe des Confédérations CAF

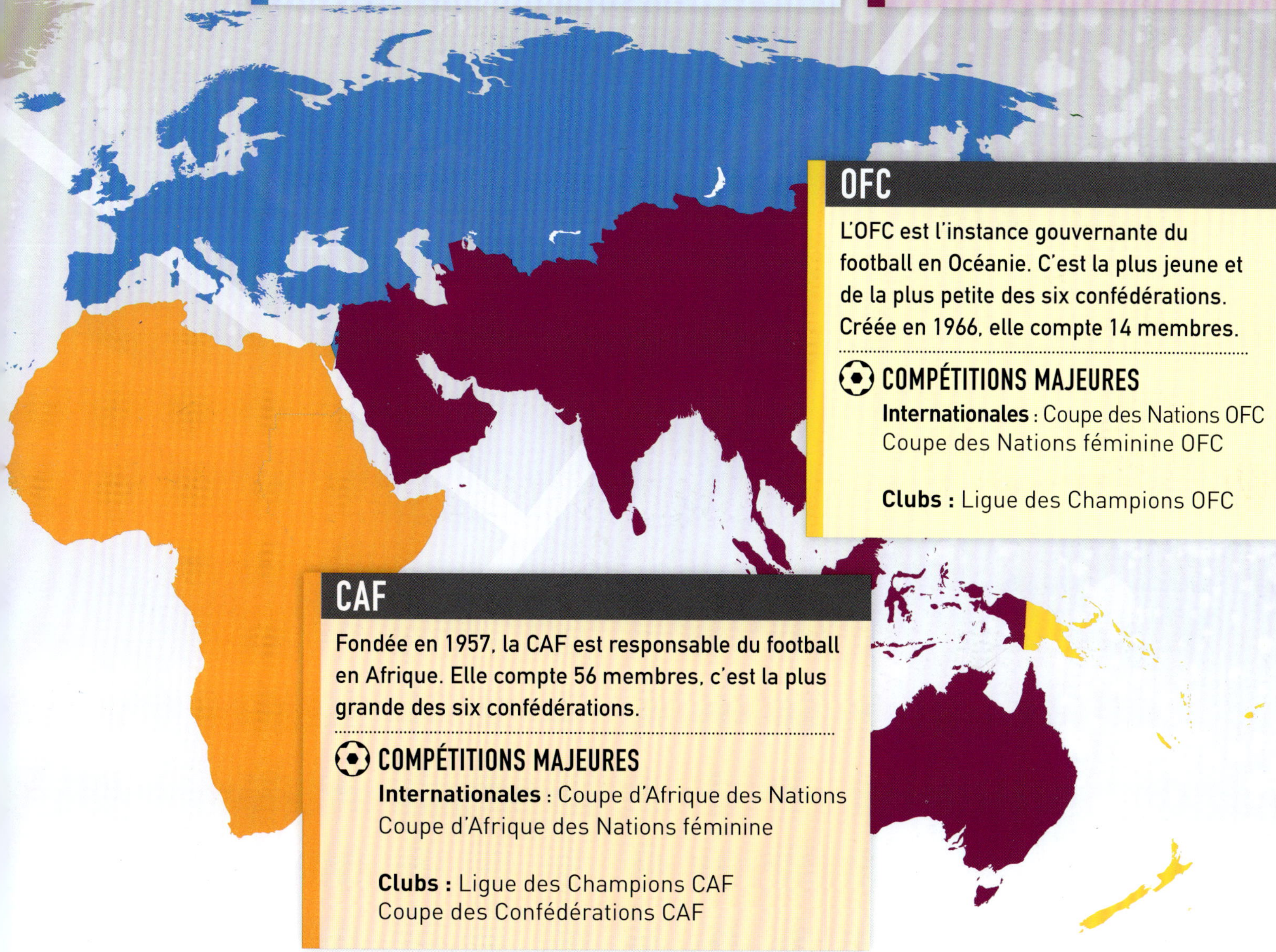

LE FOOTBALL FÉMININ

L'histoire du football féminin est faite de hauts et de bas. Si aujourd'hui plus de 30 millions de femmes jouent au football, il fut un temps où il leur était purement interdit de jouer dans une majorité de pays. De nombreuses femmes ont dû se battre avec détermination au cours du siècle dernier pour permettre au football féminin de se développer, au point de devenir la discipline spectaculaire que l'on connaît de nos jours.

LE MONDE EN GUERRE

Jusqu'au début de la Première Guerre mondiale, le football masculin et le football féminin se sont développés au Royaume-Uni au point d'attirer un large public. Tandis que les hommes sont partis au front, les femmes sont réquisitionnées au sein des usines d'armement, des administrations, et dans les champs. Le gouvernement britannique soutenait les équipes féminines, tant pour la santé des femmes que pour les aider à garder le moral au quotidien.

Finale de la Coupe du Monde féminine de la FIFA™ en France, en 2019 : États-Unis – Pays-Bas.

L'équipe du Dick, Kerr Ladies FC n'a perdu que 28 de ses 833 matchs joués entre 1917 et 1965.

L'ÂGE D'OR

Le Dick, Kerr Ladies FC a été fondé au sein d'une usine de munitions à Preston. Menée par leur redoutable attaquante Lily Parr, cette équipe a gagné en popularité au fil de ses impressionnantes performances, jusqu'à rassembler 53 000 supporters après la guerre. Puis, en 1921, la FA a interdit aux femmes de jouer sur ses terrains car elle considérait que le football « ne correspondait pas aux femmes ». Cette interdiction a duré 50 ans et d'autres pays ont suivi l'exemple de l'Angleterre.

UNE LENTE REMONTÉE

Tandis que le football féminin tentait de se reconstruire, le premier match international féminin reconnu par la FIFA s'est joué en 1971 entre la France et les Pays-Bas. C'est en 1984 que s'est joué le premier Championnat d'Europe féminin de l'UEFA ; la première Coupe du Monde féminine de la FIFA™ s'est tenue en 1991.

Les États-Unis ont remporté la première Coupe du Monde féminine de la FIFA™, en Chine.

Kristine Lilly, ex-attaquante des États-Unis détient le record de sélections de l'histoire du football (354).

UNE ÉVOLUTION CONSTANTE

Aujourd'hui, plus de 30 millions de femmes jouent au football à travers le monde. La FIFA contribue à l'évolution du football féminin au sein de ses 211 pays membres. De nombreuses joueuses sont professionnelles, notamment aux États-Unis, au Japon ou en Europe. Mais le football a encore un long chemin à parcourir pour que les rémunérations et les conditions dans lesquelles se déroulent les matchs égalent celles du football masculin.

UN NOUVEAU PUBLIC

Tandis que le football gagnait en popularité, le public demandait de plus en plus de retransmissions des matchs en direct. Les fans voulaient vite être informés, ce que la presse écrite n'était pas en mesure de proposer, contrairement aux radios et aux télévisions.

LA RADIO D'ABORD

Le 22 janvier 1927, la BBC a diffusé le tout premier match commenté en direct de l'histoire du football. C'était un match du championnat d'Angleterre commenté depuis une petite cabane en bois installée au stade d'Highbury, à Londres, qui opposait Arsenal à Sheffield United. Aujourd'hui, des dizaines de millions d'auditeurs partout dans le monde continuent de suivre les matchs en direct à la radio.

L'ARRIVÉE DE LA TÉLÉVISION

Le tout premier match de 90 minutes diffusé en direct à la télévision date de 1938 : Angleterre – Écosse, en match amical international, alors qu'environ 10 000 personnes possédaient une télévision au Royaume-Uni. Les ventes de téléviseurs ont explosé après la Seconde Guerre mondiale, sous l'impulsion d'importants événements télévisés, comme le couronnement de la Reine Elizabeth II (1953) ou encore les Jeux olympiques de Londres (1948).

DES AUDIENCES FLORISSANTES

En 1964, la toute première diffusion de l'émission *Match of the Day* a réuni près d'un quart de la population adulte du Royaume-Uni devant sa télévision. En 1970, la diffusion de la finale de la FA Cup atteint le nombre record de 28 millions de téléspectateurs. La demande du public a continué de grandir à tel point qu'en 1992, Sky Sports a offert plus de 304 millions de livres sterling (350 M€) pour les droits de diffusion en direct de la Premier League, alors fraîchement créée, un record à l'époque.

Manchester United – Everton, match de Premier League, 1992.

LE MONDE REGARDE

La première compétition internationale diffusée à la télévision fut la Coupe du Monde de la FIFA 1954™, en Suisse. Huit pays européens diffusaient des matchs en direct, même si ce n'était pas forcément ceux de leur équipe. Tout n'était pas diffusé et il s'écoulait parfois trois jours avant qu'on puisse voir les temps forts des matchs précédents. Au cours des années suivantes, les avancées technologiques ont été si rapides que la phase finale de 1966 a marqué un tournant, elle a attiré un nouveau public aux quatre coins du globe.

L'Allemagne de l'Ouest fête sa célèbre victoire 3-2 sur la Hongrie, alors grandissime favorite, en finale de la Coupe du Monde de la FIFA 1954™.

En 1970, des millions de téléspectateurs du monde entier ont pu admirer Pelé en direct et en couleur.

CAP À L'EST

La Russie a accueilli la 21e édition de la Coupe du Monde de la FIFA™, en 2018. Première compétition majeure de la FIFA organisée en Europe de l'Est, elle est encore considérée comme l'événement sportif le plus intense et le plus divertissant jamais télévisé, avec plus de 3,5 milliards de téléspectateurs à travers le monde.

L'attaquant français Kylian Mbappé a brillé lors de la Coupe du Monde de la FIFA 2018™ en Russie où la France est devenue championne du monde pour la deuxième fois.

HAUT EN COULEUR

La Coupe du Monde de la FIFA 1970™ au Mexique est la première compétition diffusée en couleur, on entre dans une nouvelle ère. De plus, des dizaines de millions de téléspectateurs partout dans le monde ont pu regarder les matchs en direct grâce aux progrès technologiques des communications satellites. Les fans ont pu s'émerveiller devant les images en couleur, tandis que le Brésil soulevait sa troisième Coupe du Monde dans sa célèbre tenue jaune canari.

COUPE DU MONDE DE LA FIFA™ RECORDS D'AUDIENCE

TOURNOI	TÉLÉSPECTATEURS (en milliards)
RUSSIE 2018	3.57
FRANCE 1998	3.4
AFRIQUE DU SUD 2010	3.2
BRÉSIL 2014	3.2
CORÉE DU SUD & JAPON 2002	3

SUR LE TERRAIN

Le football est le sport le plus populaire du monde. Deux équipes, chacune composée de 11 joueurs, essaient de marquer un maximum de buts en envoyant le ballon, du pied ou de la tête, au fond des filets de l'adversaire. Les matchs durent 90 minutes et l'équipe qui marque le plus de buts l'emporte.

Le Belge Eden Hazard est à la lutte avec l'Anglais Phil Jones lors du match pour la troisième place de la Coupe du Monde de la FIFA 2018™ en Russie.

adidas
10
10
BELGIUM

LES POSTES

Le football est un sport collectif. Chaque équipe compte 11 joueurs qui doivent connaître leur rôle au sein du collectif et travailler ensemble durant le match pour réaliser la meilleure performance.

LE GARDIEN

Le gardien est le seul joueur autorisé à prendre le ballon à la main, mais seulement dans sa surface de réparation. Dernier rempart de l'équipe, il endosse d'immenses responsabilités : il doit arrêter les tirs, attraper et relancer le ballon, organiser sa défense et rester alerte durant tout le match. De nombreux gardiens sont également à l'origine de phases offensives, via leurs dégagements au pied, leurs passes ou leurs relances à la main.

Le Français Hugo Lloris plonge et détourne le ballon durant la Coupe du Monde de la FIFA 2018™.

LES DÉFENSEURS

Les défenseurs doivent tout faire pour empêcher l'adversaire de marquer un but ou de se créer une occasion. Tandis qu'ils opèrent ensemble pour former la « ligne arrière », chacun a un rôle précis. Les défenseurs centraux sont devant le gardien et marquent les attaquants adverses les plus avancés. Les arrières latéraux défensifs défendent le long de chaque ligne de touche, là où les arrières latéraux offensifs adverses ont aussi pour mission de se joindre aux offensives.

NUMÉROS DES MAILLOTS

La numérotation des maillots est apparue pour aider l'arbitre à distinguer les 22 joueurs présents sur la pelouse. Traditionnellement, le gardien porte le 1, les défenseurs les numéros de 2 à 5 (voire 6), les milieux le (6), 7, 8 et 10, et les attaquants le 9 et le 11. De nos jours, ce sont souvent les joueurs qui choisissent leur numéro. Parfois, certaines équipes retirent un numéro quand il a été porté par une légende.

Paolo Maldini, légende de l'AC Milan et de l'équipe d'Italie, est considéré comme l'un des meilleurs défenseurs de l'histoire du football.

Certaines équipes s'appuient sur un « libéro », dont le rôle est de jouer derrière la défense et d'améliorer la relance vers les joueurs plus offensifs.

LES MILIEUX

Les milieux font le lien entre la défense et l'attaque, et les joueurs occupent quatre fonctions distinctes. Les milieux défensifs couvrent la défense et cassent les actions offensives adverses, les milieux centraux occupent le cœur du terrain et cherchent à amener le ballon vers l'avant. Les milieux excentrés attaquent et défendent le long de la ligne de touche pour tenter d'envoyer des centres dans la surface, tandis que les milieux offensifs essaient de créer des occasions de but.

Le milieu Xavi a permis à l'Espagne de remporter la Coupe du Monde de la FIFA 2010™ en Afrique du Sud, ainsi que deux titres européens en 2008 et 2012.

LES ATTAQUANTS

Son rôle principal est de marquer des buts. En tant que buteur, il est bien souvent le centre de toutes les attentions. Un attaquant, aussi appelé avant-centre, évolue le plus haut possible dans le camp adverse. Les attaquants sont souvent ceux qui tirent le plus au but, mais ils tentent aussi de conserver le ballon pour faire jouer leurs coéquipiers. De son côté, le « deuxième attaquant » occupe plutôt l'espace entre l'avant-centre et le milieu.

Marta, star et attaquante de la sélection du Brésil, a été désignée Joueuse de l'Année par la FIFA à six reprises. Un record !

TOP 10

Parmi les plus grands joueurs, on retrouve notamment Diego Maradona, Lionel Messi ou encore Pelé, qui ont tous porté le n° 10. Ce numéro est en général celui du meneur de jeu, c'est-à-dire le joueur qui contrôle les phases offensives et qui, bien souvent, marque des buts. Il doit être un très bon passeur, avoir de la créativité et une bonne vision de jeu.

L'Argentin Lionel Messi est considéré comme l'un des meilleurs n° 10 de l'histoire du football.

NUMÉROS UNIQUES

JUVENTUS — AC MILAN — AC MILAN — FC INTERNAZIONALE — ABERDEEN

FORMATIONS TACTIQUES

Quand on parle de formation, on parle de la disposition de l'équipe sur le terrain au cours d'un match. Le type de formation adopté dépend des forces et des faiblesses des 11 joueurs, tant individuellement que collectivement. Voici les formations les plus courantes du football moderne.

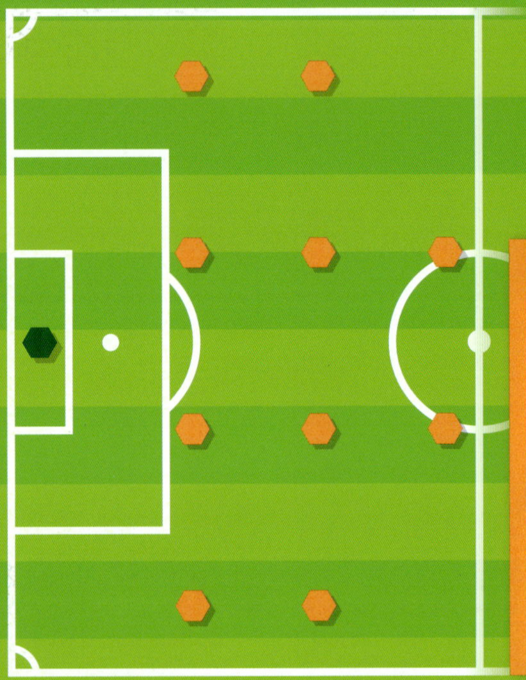

4-4-2

Il s'agit de la formation classique du football moderne, la plus courante. Elle était très populaire dans le football britannique et un peu partout en Europe au cours du 20e siècle.

AVANTAGES

- Deux attaquants permettent de grandes possibilités en attaque.
- L'équipe peut couvrir toute la largeur du terrain.
- L'organisation est facile car chaque joueur a un rôle précis.

INCONVÉNIENTS

- L'équipe peut être dépassée en nombre au milieu.
- Les milieux doivent travailler très dur en attaque et en défense.
- L'équipe est moins flexible et les options de passes sont plus limitées.

4-3-3

Cette formation est efficace pour les équipes disposant de bons joueurs offensifs et de passeurs techniques. Elle reste très populaire au sein de certaines des meilleures équipes du monde.

AVANTAGES

- Avec trois joueurs au cœur du terrain, l'équipe peut contrôler le jeu.
- En étoffant le milieu de terrain, l'équipe force l'adversaire à passer sur les ailes.
- Les occasions de but sont plus nombreuses avec trois attaquants.

INCONVÉNIENTS

- Les milieux peuvent vite se trouver attirés sur les côtés et dézoner.
- Les attaquants doivent être physiquement préparés pour les replis défensifs.
- Les arrières latéraux ne doivent pas négliger les tâches défensives.

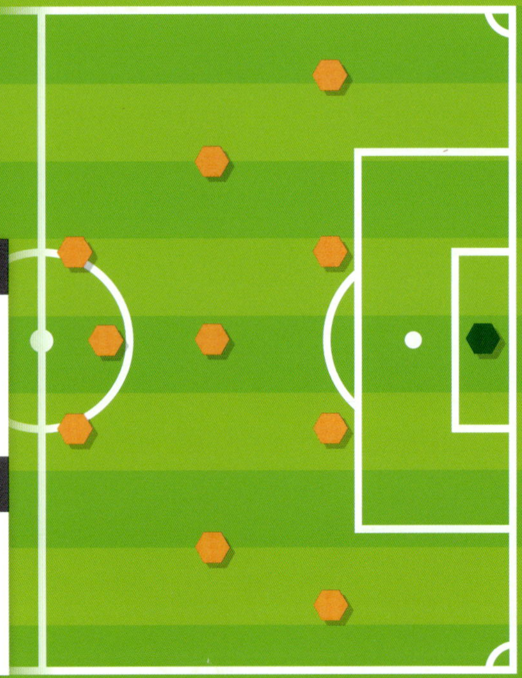

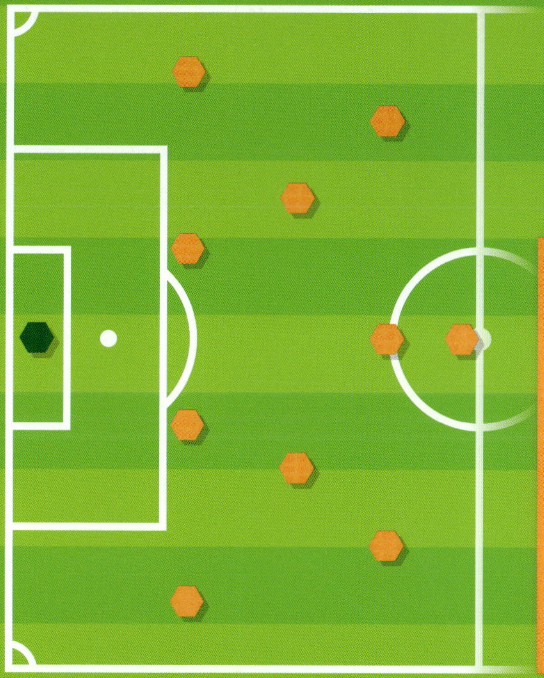

4-2-3-1

Depuis environ 20 ans, les meilleures équipes européennes (clubs ou sélections nationales) utilisent ce dispositif qui se base sur la force d'un milieu en losange dérivé du 4-4-2.

AVANTAGES

- Il est facile d'avoir la possession au milieu.
- Une formation flexible : les joueurs ont une vraie liberté sur le terrain.
- Les trois milieux offensifs offrent davantage d'options à l'équipe.

INCONVÉNIENTS

- Seul en pointe, l'attaquant peut vite se retrouver isolé si les ailiers ne viennent pas le soutenir. Il doit alors se replier.
- Les joueurs offensifs doivent maintenir un rythme élevé tout au long du match.

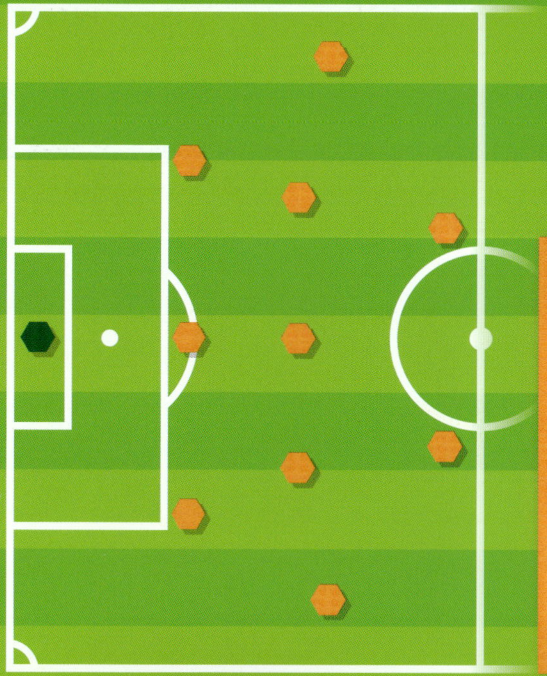

3-5-2

Cette formation peut s'adapter aux situations au fil du match, car elle allie solidité défensive et puissance en attaque. Avec cinq joueurs au milieu, l'équipe a de grandes chances d'avoir la possession de balle.

AVANTAGES

- Avec une défense centrale renforcée, l'équipe est plus à même de bloquer les contre-attaques.
- Les arrières latéraux offensifs ont plus de marge sur les côtés.
- L'équipe peut vite passer de la défense à l'attaque.

INCONVÉNIENTS

- Les défenseurs centraux doivent savoir amorcer les attaques.
- Chaque joueur doit parfaitement comprendre son rôle.
- Les arrières latéraux doivent être très endurants et en excellente condition physique.

Il existe d'autres formations, comme le « losange » ou le « sapin de Noël » : leur nom s'inspire de la forme qu'adopte l'équipe sur le terrain.

LES OFFICIELS DE MATCH

Ils s'assurent que le match se joue de façon équitable, dans le respect des Lois du Jeu. L'arbitre est aidé par deux arbitres assistants et d'un quatrième officiel. Dans certaines compétitions, des arbitres assistants vidéo l'aident à prendre les bonnes décisions – via des casques radio – lors de situations ayant un impact majeur sur le cours de la rencontre.

L'ARBITRE

Il est indispensable au jeu. Il contrôle le match et fait en sorte qu'il se déroule en toute équité et sécurité. Le sifflet est son outil principal car il s'en sert pour interrompre le jeu. Il dispose aussi d'un carton jaune et d'un carton rouge pour expulser les joueurs et les entraîneurs. Il représente l'autorité suprême lors de chaque match.

L'ancien arbitre Pierluigi Collina est souvent considéré comme l'un des meilleurs arbitres de tous les temps.

L'ARBITRE ASSISTANT

Deux arbitres assistants aident l'arbitre depuis le bord du terrain. Ils se concentrent principalement sur les hors-jeu et les situations proches des lignes ; ils conseillent aussi l'arbitre en cas de fautes, surtout si elles se produisent à côté d'eux. Leur drapeau sert à signaler les remplacements, les fautes, les hors-jeu et les sorties de balle.

LE QUATRIÈME OFFICIEL

Sa principale responsabilité est de gérer les zones techniques où se trouvent les bancs des équipes. Il tient le registre et s'occupe des remplacements, mais il communique aussi directement avec les entraîneurs si besoin. Il indique souvent les remplacements et le temps additionnel sur des panneaux électroniques.

EXEMPLE À SUIVRE

L'arbitre française Stéphanie Frappart a arrêté sa carrière de joueuse à l'âge de 18 ans pour réaliser son rêve et devenir arbitre professionnelle. Sa passion pour les Lois du Jeu et ses performances impressionnantes lui ont permis de se faire une place parmi les meilleurs arbitres du monde.

Frappart est entrée dans l'Histoire en devenant la première femme à arbitrer un match masculin en compétition européenne. C'était lors de la Super Coupe de l'UEFA 2019.

Des arbitres féminines ont pu officier lors de deux éditions de la Coupe du Monde des moins de 17 ans de la FIFA (masculines), en Inde, en 2017, et au Brésil en 2019.

ARBITRES ASSISTANTS VIDÉO

L'arbitre assistant vidéo (ou VAR, pour *Video Assistant Referee*) et l'assistant VAR (AVAR) revoient les situations ayant un impact potentiel sur le cours du match dans la salle des opérations vidéo (VOR, pour *Video Operation Room*). Ils donnent à l'arbitre des informations qui l'aident à corriger « des erreurs claires et évidentes » pour quatre situations : but/pas but, penalty/pas penalty, carton rouge et erreur d'identité. Les arbitres peuvent revoir eux-mêmes l'action sur un écran vidéo situé au bord du terrain.

L'arbitre Bastian Dankert signale son intention de revoir une décision en faisant appel au VAR durant un match de Bundesliga en 2018.

FOOTBALL ET TECHNOLOGIE

Les technologies utilisées sont en constante évolution. De nombreuses innovations ont été mises en place sur ces dernières années pour améliorer les performances et la sécurité des joueurs et des officiels sur le terrain. Il est important que chaque nouvelle technologie améliore le jeu sans nuire à sa fluidité.

Le VAR a fait ses débuts en compétition internationale à l'occasion de la Coupe du Monde de la FIFA 2018™ en Russie.

GOAL-LINE TECHNOLOGY

La Goal-Line Technology (GLT) est utilisée durant certains matchs très importants. Elle a été mise en place suite à des incidents notoires lors de la Coupe du Monde de la FIFA 2010™ en Afrique du Sud. C'est un système ultramoderne qui se sert de caméras (fixées sur le toit du stade) pour indiquer instantanément à l'arbitre (via un appareil placé à son poignet) si le ballon a entièrement franchi la ligne de but ou non. Pour qu'un but soit accordé, le ballon doit entièrement passer cette ligne.

LIGNES DE HORS-JEU VIRTUELLES

Les décisions de hors-jeu en compétitions majeures se basent désormais sur le VAR. Des lignes virtuelles mesurent avec exactitude le placement des joueurs sur le terrain pour voir s'ils sont en position de hors-jeu ou non au moment où le ballon leur est envoyé. Cette technologie a été intégrée aux Lois du Jeu en 2018 et prouve, depuis, qu'elle est plus fiable que l'œil nu pour repérer un hors-jeu potentiel.

Le VAR communique avec l'arbitre s'il commet une erreur claire et évidente ou s'il manque un incident sérieux.

SPRAY TEMPORAIRE

Quand un coup franc est accordé, l'arbitre utilise un spray spécial pour indiquer l'endroit où l'équipe qui défend peut placer son mur (à 9,1 mètres du point où le coup franc est tiré). La mousse de ce spray s'évapore environ une minute après.

APPAREILS DE SUIVI

La plupart des joueurs professionnels portent un appareil de suivi durant les matchs et les séances d'entraînement pour obtenir les données liées à leurs performances. Ce petit capteur, fixé entre les épaules du joueur, enregistre la distance parcourue par le joueur, sa fréquence cardiaque et d'autres informations liées à sa forme physique. Les clubs s'appuient sur ces données pour évaluer la performance du joueur et adapter son entraînement en conséquence.

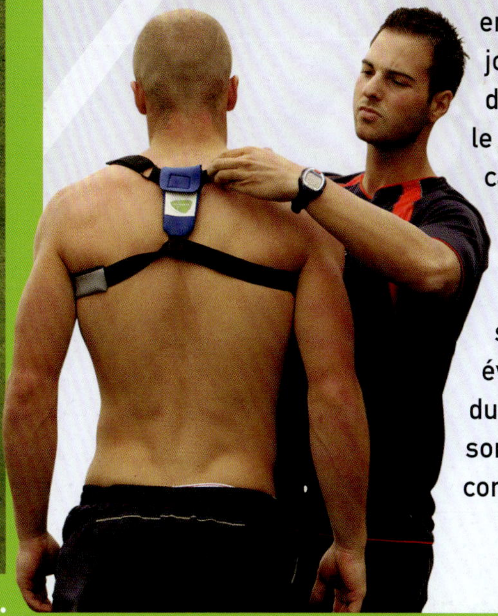

TERRAIN SYNTHÉTIQUE

Même si les terrains ont considérablement évolué ces 50 dernières années, il arrive encore, dans les divisions inférieures, qu'un match soit repoussé car la pelouse est gelée ou inondée.

De nos jours, de nombreux stades disposent d'une pelouse hybride, avec des fibres artificielles entremêlées aux racines naturelles de la pelouse. La surface est donc plus solide et plus résistante.

DES STADES MODERNES

Les plus grands stades du monde peuvent accueillir plus de 100 000 personnes. La plupart des stades modernes disposent exclusivement de places assises pour que les fans profitent d'une vue parfaite du terrain, et répondent à des normes de sécurité très poussées pour les accueillir.

Le Lusail Stadium, au Qatar, sera pourvu d'une capacité de 80 000 spectateurs et sera le plus grand stade de la Coupe du Monde de la FIFA 2022™.

LE TERRAIN

Afin d'accueillir des compétitions importantes, comme l'UEFA Champions League ou la finale de la Coupe du Monde de la FIFA™, un stade doit être équipé d'un terrain répondant aux normes de la FIFA. Il doit mesurer 105 mètres de long par 68 mètres de large. Les jardiniers travaillent toute l'année pour que la pelouse soit parfaite.

Le célèbre stade de Wembley a accueilli les matchs des phases de groupes de l'UEFA Champions League du club de Tottenham Hotspur en 2017-18 et 2018-19.

LE BANC

Les entraîneurs et les remplaçants prennent place sur le banc. Devant ce banc, il y a une zone technique délimitée, au sein de laquelle les entraîneurs et les remplaçants peuvent entrer durant le match.

LE VESTIAIRE

Chaque équipe dispose de son propre vestiaire. C'est là que les joueurs enfilent leur tenue de match et écoutent le discours d'avant-match de l'entraîneur. Les clubs prestigieux disposent de vestiaires avec des lits médicaux, et des équipements pour prendre des bains de glace.

Le vestiaire ultramoderne de Tottenham Hotspur, l'un des plus grands clubs d'Angleterre, basé à Londres.

LE TUNNEL

Les joueurs, les entraîneurs et les mascottes s'alignent dans le tunnel avant de faire leur entrée sur le terrain. Les moments précédant le coup d'envoi peuvent être très angoissants pour les joueurs.

Les joueuses de l'Italie et du Brésil sont dans le tunnel, prêtes à entrer sur la pelouse, lors de la Coupe du Monde féminine de la FIFA 2019™, en France.

LES PLUS GRANDS STADES ASSIS DU MONDE

STADE DU PREMIER-MAI, RUNGRADO

ÉQUIPE : Corée du Nord
CAPACITÉ : 114 000 places
LIEU : Pyongyang, Corée du Nord

CRICKET GROUND, MELBOURNE

ÉQUIPE : Australie
CAPACITÉ : 100 024 places
LIEU : Melbourne, Australie

CAMP NOU

ÉQUIPE : FC Barcelone
CAPACITÉ : 99 354 places
LIEU : Barcelone, Espagne

FNB STADIUM (SOCCER CITY)

ÉQUIPE : Kaizer Chiefs, Afrique du Sud
CAPACITÉ : 94 736 places
LIEU : Johannesburg, Afrique du Sud

ROSE BOWL STADIUM

ÉQUIPE : UCLA Bruins, États-Unis
CAPACITÉ : 90 888 places
LIEU : Pasadena, Californie, États-Unis

STADE DE WEMBLEY

ÉQUIPE : Angleterre (hommes et femmes)
CAPACITÉ : 90 000 places
LIEU : Londres, Angleterre

ESTADIO AZTECA

ÉQUIPE : Club América, Cruz Azul, Mexique
CAPACITÉ : 87 523 places
LIEU : Mexico, Mexique

STADE NATIONAL BUKIT JALIL

ÉQUIPE : Malaisie
CAPACITÉ : 87 411 places
LIEU : Kuala Lumpur, Malaisie

STADE BORG AL ARAB

ÉQUIPE : Égypte
CAPACITÉ : 86 000 places
LIEU : Alexandrie, Égypte

COMPÉTITIONS MAJEURES

Les trophées les plus célèbres sont remportés lors de compétitions internationales. Tout footballeur rêve, un jour, de soulever le trophée le plus convoité du monde du football avec son pays, à savoir la Coupe du Monde de la FIFA™. Chaque pays a aussi la possibilité d'être sacré champion de son continent grâce à des compétitions très relevées jouées aux quatre coins du monde.

Cesc Fàbregas soulève le trophée après la victoire de l'Espagne en finale de la Coupe du Monde de la FIFA™ 2010 en Afrique du Sud, 1-0, contre les Pays-Bas.

20
10
2
FIFA
2010
SOUTH
AFRICA

COUPE DU MONDE DE LA FIFA™

La Coupe du Monde de la FIFA™ est la compétition la plus prestigieuse du monde du football. La phase finale masculine se déroule tous les quatre ans et la sélection qui l'emporte est sacrée championne du monde.

La France sacrée championne du monde en remportant la Coupe du Monde de la FIFA 2018™ en Russie.

TENANT DU TITRE	
FRANCE	
RECORD DE TITRES	
BRÉSIL	5
RECORD DE PARTICIPATIONS	
BRÉSIL	21

HISTORIQUE

COUPE DU MONDE	ANNÉE	PAYS HÔTE	ÉQUIPES
PREMIÈRE ÉDITION	1930	URUGUAY	13
DERNIÈRE ÉDITION	2018	RUSSIE	32
PROCHAINE ÉDITION	2022	QATAR	32

32 LA PHASE FINALE

Actuellement, la phase finale de la Coupe du Monde de la FIFA™ réunit 32 équipes. Tandis que le(s) pays hôte(s) est automatiquement qualifié(s), les équipes des six confédérations tentent de décrocher leur place en disputant des matchs de qualification au cours des trois années précédant la phase finale.

3,5 milliards de personnes, soit près de la moitié de la population mondiale (un record), ont regardé au moins un match de la Coupe du Monde de la FIFA 2018™ en Russie.

25 LÉGENDE ALLEMANDE

Le légendaire capitaine allemand Lothar Matthäus détient le record de matchs disputés en phase finale de Coupe du Monde de la FIFA™ (25).

17 POUR L'HISTOIRE

Le Nord-Irlandais Norman Whiteside est devenu, à 17 ans et 41 jours, le plus jeune joueur à disputer un match en phase finale de Coupe du Monde de la FIFA™. C'était contre la Yougoslavie en 1982.

RÉCOMPENSES DU TOURNOI

À la fin de chaque édition, diverses récompenses sont attribuées aux joueurs pour saluer leurs performances. De plus, l'équipe qui compte le moins de cartons rouges et jaunes décroche le prix du fair-play.

- **BALLON D'OR ADIDAS** – meilleur joueur
- **SOULIER D'OR ADIDAS** – meilleur buteur
- **GANT D'OR ADIDAS** – meilleur gardien de but
- **MEILLEUR JEUNE JOUEUR** – meilleur joueur âgé de moins de 21 ans au début de l'année calendaire
- **TROPHÉE DU FAIR-PLAY FIFA** – équipe ayant le meilleur bilan au classement du fair-play (seules les équipes qualifiées pour la phase à élimination directe entrent en compte)

2 DOUBLE VAINQUEUR

Le sélectionneur italien Vittorio Pozzo est le seul entraîneur à avoir remporté la Coupe du Monde de la FIFA™ à deux reprises, en 1934 et 1938 avec l'Italie.

Le Croate Luka Modrić a été désigné Ballon d'or adidas de la Coupe du Monde de la FIFA 2018™ en Russie, tandis que Kylian Mbappé a remporté le trophée de Meilleur Jeune Joueur FIFA.

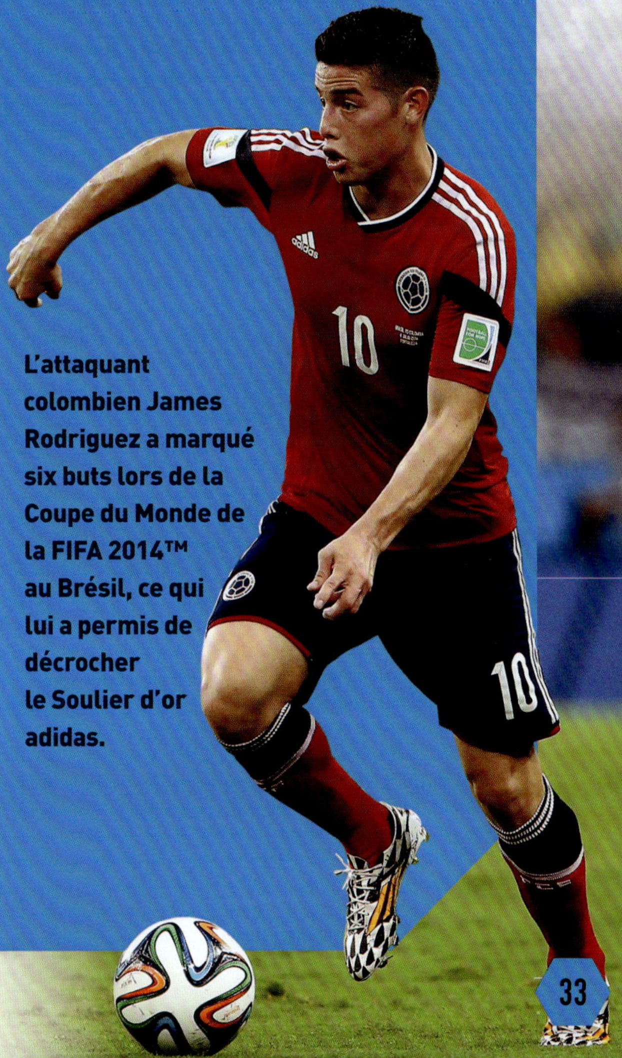

L'attaquant colombien James Rodriguez a marqué six buts lors de la Coupe du Monde de la FIFA 2014™ au Brésil, ce qui lui a permis de décrocher le Soulier d'or adidas.

PIONNIERS LÉGENDAIRES

Le Brésil est l'équipe la plus titrée de l'histoire de la Coupe du Monde de la FIFA™. Les Brésiliens ont remporté la compétition à cinq reprises et ont participé à 21 éditions, un record. Pelé, le célèbre attaquant au n° 10, a remporté trois fois la Coupe du Monde de la FIFA™ avec le Brésil, en 1958, 1962 et 1970. Il est considéré comme l'un des plus grands joueurs de l'histoire du football.

Pelé a marqué 12 buts en 14 matchs de Coupe du Monde de la FIFA™.

LE GRAAL

Le trophée de la Coupe du Monde de la FIFA™ mesure 36,8 cm de haut, pèse 6,175 kg, il est en or 18 carats. Après chaque édition, le nom du nouveau vainqueur est gravé sur sa base. Le trophée précédent, nommé Coupe Jules Rimet, a disparu en 1966 avant d'être retrouvé par un chien dénommé Pickles. En 1983, la coupe a une nouvelle fois disparu au Brésil.

MEILLEURS BUTEURS EN COUPE DU MONDE

JOUEUR	BUTS	ANNÉE(S)
MIROSLAV KLOSE	16	2002, 2006, 2010, 2014
RONALDO	15	1998, 2002, 2006
GERD MÜLLER	14	1970, 1974
JUST FONTAINE	13	1958
PELÉ	12	1958, 1962, 1966, 1970

L'Allemand Miroslav Klose détient le record du nombre de buts inscrits en Coupe du Monde avec 16 réalisations en quatre éditions. Il savait les célébrer avec panache.

ÉDITIONS FUTURES

Le Qatar a été choisi pour accueillir la Coupe du Monde de la FIFA™ 2022. Ce sera la première fois que le tournoi se déroulera au Moyen-Orient. Pour protéger les joueurs des fortes chaleurs estivales au Qatar, le tournoi se jouera pour la première fois en hiver. La finale se jouera au stade national de Lusail, une enceinte de 80 000 places dont la construction a débuté en 2017 et devrait se terminer à l'aube de la compétition.

La finale de la Coupe du Monde féminine de la FIFA 1999™ aux États-Unis a attiré 90 185 spectateurs, un record mondial.

RECORDS D'AFFLUENCE COUPE DU MONDE DE LA FIFA™

1 173 850
Estadio do Maracanã
Rio de Janeiro, Brésil 1950

2 114 600
Estadio Azteca
Mexico, Mexique 1986

3 107 412
Estadio Azteca
Mexico, Mexique 1970

4 98 000
Stade de Wembley
Londres, Angleterre 1966

5 94 194
Rose Bowl
Pasadena, États-Unis 1994

6 93 000
Estadio Centenario
Montevideo, Uruguay 1930

7 90 000
Estadio Santiago Bernabéu
Madrid, Espagne 1982

8 84 490
Soccer City
Johannesburg, Afrique du Sud 2010

9 80 000
Stade de France
Paris, France 1998

10 78 011
Stade Luzhniki
Moscou, Russie 2018

COUPE DU MONDE FÉMININE DE LA FIFA™

La première Coupe du Monde féminine de la FIFA™ a été disputée en République populaire de Chine, en 1991. Depuis, le tournoi est devenu l'une des plus grandes compétitions féminines du monde.

Le nombre de téléspectateurs dans le monde a franchi un cap durant la Coupe du Monde féminine de la FIFA 2019™. Plus d'**1 milliard de personnes** a regardé la compétition à la télévision, dont 82 millions pour la seule finale entre les États-Unis et les Pays-Bas.

Les États-Unis affichent un bilan exceptionnel. Les Américaines ont remporté quatre titres en huit participations.

TENANT DU TITRE	
ÉTATS-UNIS	

RECORD DE TITRES	
ÉTATS-UNIS	4

RECORD DE PARTICIPATIONS	
BRÉSIL	=8
ALLEMAGNE	
JAPON	
NIGÉRIA	
NORVÈGE	
SUÈDE	
ÉTATS-UNIS	

HISTORIQUE

COUPE DU MONDE	ANNÉE	PAYS HÔTE	ÉQUIPES
PREMIÈRE ÉDITION	1991	CHINE	12
DERNIÈRE ÉDITION	2019	FRANCE	24
PROCHAINE ÉDITION	2023	AUS / N ZÉLANDE	32

LES PIONNIÈRES

Les États-Unis sont l'équipe la plus titrée de l'histoire de la Coupe du Monde féminine de la FIFA™, avec quatre sacres. Les Américaines ont remporté leur premier titre mondial en Chine, en 1991, en battant la Norvège, 2-1, en finale.

8 LA DERNIÈRE ÉDITION

La Coupe du Monde féminine de la FIFA 2019™ en France était la 8e édition de la compétition. Avant cela, des tournois internationaux non-officiels se sont joués en 1970 et 1971, à une époque où plusieurs pays avaient levé l'interdiction de pratique du football imposée aux femmes. La FIFA a organisé sa première Coupe du Monde féminine officielle en 1991, en Chine. Le tournoi réunissait 12 équipes.

16 LA JEUNESSE EN FORCE

Ifeanyi Chiejine est la plus jeune joueuse à avoir joué la Coupe du Monde féminine de la FIFA™. Elle avait 16 ans et 34 jours lors de son premier match avec le Nigéria, en 1999.

17 BUTEUSE EN OR

La Brésilienne Marta a marqué plus de buts en Coupe du Monde de la FIFA™ que tout autre joueur ou joueuse. Elle a inscrit 17 buts en cinq éditions.

2 DOUBLE SACRE

Jill Ellis est la seule entraîneuse à avoir remporté la Coupe du Monde féminine de la FIFA™ à deux reprises, deux fois de suite avec les États-Unis en 2015 et 2019.

MEILLEURES BUTEUSES EN COUPE DU MONDE

JOUEUSE	BUTS	ANNÉES
MARTA	17	2003, 2007, 2011, 2015, 2019
BIRGIT PRINZ	14	1995, 1999, 2003, 2007, 2011
ABBY WAMBACH	14	2003, 2007, 2011, 2015
MICHELLE AKERS	12	1991, 1995, 1999
CRISTIANE	11	2003, 2007, 2011, 2015, 2019
SUN WEN	11	1991, 1995, 1999, 2003
BETTINA WIEGMANN	11	1991, 1995, 1999, 2003

32 UN SPORT MONDIAL

Les équipes des six confédérations internationales (voir p. 12-13) tenteront de se qualifier pour la première phase finale à 32 équipes en 2023. Il s'agira de la plus grande des sept éditions de l'histoire de la Coupe du Monde féminine de la FIFA™.

7 FORMIDABLE FORMIGA

La Brésilienne Formiga, elle aussi, a battu un record. Elle a représenté le Brésil sur sept phases finales de la Coupe du Monde féminine de la FIFA™.

JEUX OLYMPIQUES (TOURNOI MASCULIN)

Le football masculin est au programme des Jeux olympiques d'été depuis 1900, même si cette compétition n'a été officiellement reconnue par la FIFA qu'en 1908, pour les Jeux à Londres. La course à la qualification est rude, car seules 16 équipes peuvent participer à la phase finale.

Le Brésil salue le public après avoir remporté la médaille d'or du tournoi masculin aux Jeux olympiques 2016.

TENANT DU TITRE	
BRÉSIL	
RECORD DE TITRES	
HONGRIE GRANDE-BRETAGNE	3
RECORD DE PARTICIPATIONS	
ITALIE	14

JEUNES TALENTS

Jusqu'en 1984, seuls les joueurs amateurs avaient le droit de participer au tournoi. Les professionnels peuvent désormais y prendre part, mais les équipes doivent principalement être composées de joueurs de moins de 23 ans. Certaines stars, comme Lionel Messi ou Sergio Agüero (ci-dessous), ont explosé au niveau international lors des Jeux olympiques.

HISTORIQUE

JEUX OLYMPIQUES	ANNÉE	PAYS HÔTE	ÉQUIPES
PREMIÈRE ÉDITION	1900	FRANCE	3
DERNIÈRE ÉDITION	2016	BRÉSIL	16
PROCHAINE ÉDITION	2021*	JAPON	16

*Compétition reportée en 2021 à cause de la pandémie mondiale de COVID-19 de 2020.

64 LE BRÉSIL DANS L'HISTOIRE

Soixante-quatre ans après sa première participation aux Jeux olympiques (1952), le Brésil a finalement décroché la médaille d'or en 2016, à domicile. En finale, contre l'Allemagne, Neymar Jr a inscrit le tir au but vainqueur pour enfin inscrire le nom du Brésil au palmarès de la compétition.

LES DIX DERNIERS MÉDAILLÉS D'OR

VILLE HÔTE	ANNÉE	VAINQUEUR
RIO	2016	BRÉSIL
LONDRES	2012	MEXIQUE
PÉKIN	2008	ARGENTINE
ATHÈNES	2004	ARGENTINE
SYDNEY	2000	CAMEROUN
ATLANTA	1996	NIGÉRIA
BARCELONE	1992	ESPAGNE
SÉOUL	1988	URSS
LOS ANGELES	1984	FRANCE
MOSCOU	1980	TCHÉCOSLOVAQUIE

13 FIN TIREUR

Le Danois Sophus Nielsen détient le record du nombre de buts marqués dans l'histoire du tournoi olympique masculin, avec 13 réalisations (en 1908 et 1912).

Lionel Messi (à droite) a conduit l'Argentine, qui n'avait perdu aucun match, à sa deuxième médaille d'or d'affilée aux Jeux olympiques 2008.

3 PARÉS D'OR

La Hongrie, « équipe dorée » des Jeux olympiques, a remporté trois médailles d'or, en 1952, 1964 et 1968. Ils ont ébloui le monde du football dès leur première participation en 1952, dans le sillage de leur légendaire capitaine Ferenc Puskás (à gauche).

2 FLÈCHES AFRICAINES

Le Nigéria et le Cameroun sont les deux seules nations africaines à avoir décroché la médaille d'or. Le Nigéria a battu l'Argentine 3-2 lors des Jeux de 1996 tandis que le Cameroun a battu l'Espagne aux tirs au but aux Jeux de Sydney, en 2000.

JEUX OLYMPIQUES (TOURNOI FÉMININ)

Lancé en 1996, le tournoi féminin est devenu aussi populaire qu'incontournable lors des Jeux olympiques. Dépourvu de toute limite d'âge, il réunit la crème du football féminin.

DES AMÉRICAINES EN OR

Avec quatre titres sur les six derniers tournois olympiques féminins, les États-Unis ont placé la barre très haut. Aux Jeux de Londres, en 2012, les Américaines ont affronté les Japonaises, qui les avaient battues aux tirs au but en finale de la Coupe du Monde féminine de la FIFA 2011™. Grâce à deux buts de Carli Lloyd, les Américaines ont décroché leur quatrième médaille d'or – un record – devant 80 000 personnes, à Wembley.

TENANT DU TITRE	
ALLEMAGNE	
RECORD DE TITRES	
ÉTATS-UNIS	4
RECORD DE PARTICIPATIONS	
BRÉSIL SUÈDE ÉTATS-UNIS	6

HISTORIQUE

*Compétition reportée en 2021 à cause de la pandémie mondiale de COVID-19 de 2020.

JEUX OLYMPIQUES	ANNÉE	PAYS HÔTE	ÉQUIPES
PREMIÈRE ÉDITION	1996	ÉTATS-UNIS	8
DERNIÈRE ÉDITION	2016	BRÉSIL	12
PROCHAINE ÉDITION	2021*	JAPON	12

14 PROLIFIQUE CRISTIANE

La Brésilienne Cristiane (à droite) est la meilleure buteuse de l'histoire de la compétition avec 14 buts inscrits en quatre éditions (2004, 2008, 2012 et 2016).

MÉDAILLÉS D'OR

VILLE HÔTE	ANNÉE	VAINQUEUR
RIO	2016	ALLEMAGNE
LONDRES	2012	ÉTATS-UNIS
PÉKIN	2008	ÉTATS-UNIS
ATHÈNES	2004	ÉTATS-UNIS
SYDNEY	2000	NORVÈGE
ATLANTA	1996	ÉTATS-UNIS

6 LÉGENDE VIVANTE

En plus de ses exploits en Coupe du Monde de la FIFA™, la Brésilienne Formiga, milieu de terrain, détient le record de participations aux Jeux olympiques avec six tournois disputés de 1996 à 2016.

2 LE MUST EN EUROPE

Seules deux équipes européennes, la Norvège et l'Allemagne, ont décroché la médaille d'or olympique. La Suède a décroché une médaille d'argent, tandis que l'Allemagne compte trois médailles de bronze.

71 AVALANCHE DE BUTS

Le tournoi féminin des Jeux olympiques 2012 était le théâtre d'un festival de buts. Au total, les filets ont tremblé 71 fois, le record des Jeux olympiques.

2 SUPER SUÉDOISE

La Suédoise Pia Sundhage est la seule sélectionneuse à avoir remporté deux médailles d'or olympiques, elle était alors à la tête des États-Unis. Après sa brillante carrière de joueuse, elle est aujourd'hui sélectionneuse du Brésil.

LA GRANDE-BRETAGNE

Tandis que l'Angleterre, le Pays de Galles, l'Écosse et l'Irlande du Nord évoluent sous leur propre maillot lors des autres compétitions internationales, ces pays se réunissent sous le drapeau de la Grande-Bretagne aux Jeux olympiques. En 2012, lors de leur première participation, l'équipe avait perdu en quarts de finale contre le Canada. Elle jouera ses deuxièmes Jeux à Tokyo, en 2021*.

CHAMPIONNAT D'EUROPE DE L'UEFA

Plus communément appelé EURO, ce tournoi offre aux sélections européennes l'occasion de s'affronter pour le trône continental. Le Championnat d'Europe de l'UEFA se tient traditionnellement tous les quatre ans. La première édition réunissait 4 équipes ; aujourd'hui, les 24 meilleures sélections s'affrontent.

Sous l'impulsion de son capitaine Giorgio Chiellini (à droite), l'Italie a triomphé à l'UEFA EURO 2020 et remporté la compétition pour la deuxième fois de son histoire. En finale, les Italiens ont affronté l'Angleterre à Londres, au stade de Wembley. Le match s'est terminé sur le score de 1-1 après prolongation, et les *Azzurri* ont battu le pays hôte, 3-2, aux tirs au but.

TENANT DU TITRE	
ITALIE	
RECORD DE TITRES	
ALLEMAGNE ESPAGNE	3
RECORD DE PARTICIPATIONS	
ALLEMAGNE DE L'OUEST / ALLEMAGNE	13

HISTORIQUE

EURO	ANNÉE	PAYS HÔTE	ÉQUIPES
PREMIÈRE ÉDITION	1960	FRANCE	4
DERNIÈRE ÉDITION	2021*	EUROPE	24
PROCHAINE ÉDITION	2024	ALLEMAGNE	24

*Compétition reportée en 2021 à cause de la pandémie mondiale de COVID-19 de 2020.

Berti Vogts est le seul homme à avoir remporté le Championnat d'Europe de l'UEFA en tant que joueur (Allemagne de l'Ouest, 1972) et sélectionneur (Allemagne, 1996).

LA FÊTE DE L'EUROPE

La 16e édition du tournoi a été reportée d'un an, à cause de la pandémie mondiale de COVID-19. Onze nations ont organisé conjointement le tournoi en 2021. Pour les fans, il s'agissait d'une invitation à célébrer les 60 ans de la première édition du Championnat d'Europe de l'UEFA. Le stade de Wembley de Londres a accueilli la finale entre l'Angleterre et l'Italie.

9 ROI DU BUT

Cristiano Ronaldo est le meilleur buteur de l'histoire du tournoi, avec 14 buts inscrits en cinq éditions. Il détient aussi le record de buts inscrits en éliminatoires, avec 31 réalisations en quatre campagnes.

67 BUT RAPIDE

Le but le plus rapide de l'histoire de la compétition a été inscrit lors de l'UEFA EURO 2004 par le Russe Dmitri Kirichenko, au bout de 67 secondes de jeu contre la Grèce.

10 SÉRIE PARFAITE

Dix pays ont soulevé la coupe Henri Delaunay jusqu'ici, dont deux nations d'Europe de l'Est – l'ex-Union soviétique en 1960 et la Tchécoslovaquie en 1976.

1 HÉROS GRECS

La Grèce (ci-dessous) a choqué la planète football en remportant son tout premier trophée (et jusqu'ici, le seul) en battant le Portugal, pays hôte, à l'UEFA EURO 2004. L'unique but de la finale marqué par Angelos Charisteas a permis à la Grèce d'inscrire son nom sur le trophée pour l'éternité.

CHAMPIONNAT D'EUROPE FÉMININ DE L'UEFA

L'édition féminine du Championnat d'Europe de l'UEFA a été lancée en 1984. La compétition se tenait initialement tous les deux ans et n'accueillait que quatre équipes. Aujourd'hui, 16 nations se qualifient pour la phase finale qui se joue tous les quatre ans depuis 1997.

VICTOIRE MAISON

Les Pays-Bas (ci-dessous) ont remporté leur premier Championnat d'Europe féminin en 2017, édition organisée à domicile. Après avoir battu le Danemark 4-2 en finale, les fans ont peint la ville en orange. Plus de la moitié du pays a regardé le match à la télévision, tant le football féminin est devenu populaire. Les joueuses sont devenues de vraies célébrités après leur triomphe.

TENANT DU TITRE	
PAYS-BAS	
RECORD DE TITRES	
ALLEMAGNE DE L'OUEST / ALLEMAGNE	8
RECORD DE PARTICIPATIONS	
ITALIE NORVÈGE	11

HISTORIQUE

EURO FÉMININ	ANNÉE	PAYS HÔTE	ÉQUIPES
PREMIÈRE ÉDITION	1984	EUROPE	4
DERNIÈRE ÉDITION	2017	PAYS-BAS	16
PROCHAINE ÉDITION	2022*	ANGLETERRE	16

*Compétition d'abord reportée en 2021 puis en 2022 à cause de la pandémie mondiale de COVID-19 de 2020.

L'Anglaise Jodie Taylor a remporté le Soulier d'or adidas lors du Championnat d'Europe féminin de l'UEFA 2017.

Les Pays-Bas, nation hôte du Championnat d'Europe féminin de l'UEFA, ont joué tous leurs matchs à guichets fermés durant le tournoi. Les six matchs ont réuni un total de 110 897 spectateurs.

MEILLEURES BUTEUSES À L'EURO FÉMININ

JOUEUSE	BUTS	ANNÉE
JODIE TAYLOR	5	2017
LOTTA SCHELIN	5	2013
INKA GRINGS	6	2009
INKA GRINGS	4	2005
CLAUDIA MÜLLER	3	2001
SANDRA SMISEK	3	2001

GLOIRE ALLEMANDE

Sacrée championne d'Europe à huit reprises, l'Allemagne affiche un bilan exceptionnel en Championnat d'Europe féminin de l'UEFA. Les Allemandes ont gagné la compétition six fois de suite entre 1995 et 2013, l'édition 2013 étant celle de leur dernier titre en date. Elles comptent aussi le plus grand nombre de matchs joués (40) et remportés (31) dans la compétition.

5 PASSE DE CINQ

L'attaquante allemande Birgit Prinz a remporté cinq titres de championne d'Europe durant l'âge d'or de l'Allemagne. La gardienne Nadine Angerer détient le même record, même si elle n'est pas entrée en jeu lors de trois de ces cinq éditions.

75 BUTS EN PAGAILLE

Le Championnat d'Europe féminin de l'UEFA 2009, en Finlande, a régalé les fans. Au total, les équipes ont inscrit 75 buts au cours du tournoi. Il s'agit du record de l'histoire de la compétition.

4 CLAN FERMÉ

Quatre pays ont remporté la compétition depuis la première édition : l'Allemagne, la Norvège, la Suède et les Pays-Bas.

18 TRIPLÉ MYTHIQUE

Il n'a fallu que 18 minutes à la Suédoise Lena Videkull pour inscrire le triplé le plus rapide de l'histoire du tournoi. C'était en 1995, contre les voisines norvégiennes.

COPA AMÉRICA CONMEBOL

La *Copa América* est le plus grand tournoi international en Amérique du Sud. Lancée en 1916, la *Copa América* est la compétition internationale la plus ancienne de l'histoire du football.

Plus de 148 000 spectateurs ont assisté à la victoire du Brésil contre l'Uruguay, en finale de l'édition 1989, à Rio de Janeiro. Aujourd'hui, le stade Maracanã n'accueille « plus que » 79 000 spectateurs environ.

L'Argentine célèbre sa victoire contre le Brésil, pays hôte, en finale de la *Copa América* 2021, au stade Maracanã de Rio.

TENANT DU TITRE	
ARGENTINE	
RECORD DE TITRES	
URUGUAY	15
ARGENTINE	15
RECORD DE PARTICIPATIONS	
URUGUAY	44

HISTORIQUE

*Pays hôte supposé mais officialisé hors délai d'impression.

COPA AMÉRICA	ANNÉE	PAYS HÔTE	ÉQUIPES
PREMIÈRE ÉDITION	1916	ARGENTINE	4
DERNIÈRE ÉDITION	2021	BRÉSIL	10
PROCHAINE ÉDITION	2024	ÉQUATEUR*	10

3 TRIPLE ÉCHEC

En 1999, l'attaquant argentin Martín Palermo est entré contre son gré dans la légende du football (et dans le livre des records *Guinness World Records*) en manquant trois penalties en un seul match, en phase de groupes, contre la Colombie.

2001 SUCCÈS HISTORIQUE

Quand le Honduras a remplacé l'Argentine en *Copa América* 2001, en Colombie, cette petite équipe n'est arrivée sur place que la veille de son premier match. En battant le Brésil en quart de finale, à la surprise générale, le Honduras est entré dans l'histoire. La sélection a finalement terminé troisième de la compétition.

17 ROIS DE LA COPA

L'Argentin Norberto Méndez et le Brésilien Zizinho sont les co-meilleurs buteurs de l'histoire de la *Copa América*. Ils comptent 17 buts chacun.

COPA AMÉRICA FEMENINA

Créée en 1991, la *Copa América Femenina* permet aux sélections féminines de s'affronter pour devenir championnes d'Amérique du Sud. Seules trois nations (le Brésil, le Chili et le Venezuela) ont participé à la première édition du tournoi. Aujourd'hui, 10 équipes s'y affrontent tous les quatre ans.

Les équipes qui vont loin en *Copa América Femenina* peuvent se qualifier pour la Coupe du Monde féminine de la FIFA™ et les Jeux olympiques.

7 FEMMES FATALES

Le Brésil domine le palmarès du tournoi, avec sept titres remportés sur huit éditions. L'Argentine est la seule nation à avoir brisé l'hégémonie brésilienne, en remportant l'édition 2006.

16 IRRÉSISTIBLE

La Brésilienne Roseli a établi un nouveau record, toujours en cours, lors de la *Copa América Femenina* 1998. Son record de 16 buts en six matchs risque de ne jamais être battu.

Grâce à deux buts de Mônica (à gauche, au centre) en finale, le Brésil a remporté la *Copa América Femenina* 2019.

GOLD CUP CONCACAF

Organisée tous les deux ans, la Gold Cup Concacaf (appelée Championnat de la Concacaf de 1963 à 1989) voit s'affronter les sélections d'Amérique du Nord, d'Amérique centrale et de la région caribéenne. Depuis 2019, 16 équipes participent à la phase finale.

Le Mexique fête sa victoire contre les États-Unis en finale de la Gold Cup Concacaf 2019, et son huitième sacre, un record.

RIVAUX ÉTERNELS

Le Mexique et les États-Unis, mastodontes de la compétition, sont les grands rivaux de la Gold Cup. Les Mexicains l'ont remporté à huit reprises, contre six pour les États-Unis. Leur dernière confrontation remonte à la finale de 2019. L'unique but du match a été inscrit par Jonathan Dos Santos (ci-contre, sur la droite) et a permis au Mexique de décrocher le titre.

TENANT DU TITRE	
MEXIQUE	
RECORD DE TITRES	
MEXIQUE	
GOLD CUP	8
CHAMPIONNAT CONCACAF	3
RECORD DE PARTICIPATIONS	
MEXIQUE	23

HISTORIQUE

GOLD CUP	ANNÉE	PAYS HÔTE	ÉQUIPES
PREMIÈRE ÉDITION	1963	SALVADOR	9
DERNIÈRE ÉDITION	2019	ÉTATS-UNIS COSTA RICA JAMAÏQUE	16
PROCHAINE ÉDITION	2021	ÉTATS-UNIS	16

3 LES PATRONS

Bruce Arena, ancien sélectionneur des États-Unis, a battu le record de titres remportés avec un troisième sacre en 2017. Bora Milutinović, ancien international serbe, est le seul sélectionneur à avoir gagné avec deux sélections différentes : les États-Unis en 1991 et le Mexique en 1996.

18 RUÉE VERS LE BUT

L'attaquant américain Landon Donovan détient le record de 18 buts marqués en Gold Cup Concacaf. Il a porté le maillot des *Stars and Stripes* entre 2000 et 2014.

2015 REGGAE BOYZ

La Jamaïque est entrée dans l'histoire de la compétition en devenant la première nation caribéenne à se qualifier pour la finale de la Gold Cup. Les Jamaïcains ont battu les États-Unis en quart de finale, à la surprise générale. C'est finalement le Mexique qui a décroché le titre.

CHAMPIONNAT FÉMININ CONCACAF

Le Championnat féminin Concacaf est la compétition internationale féminine majeure de la région. Le CFC sert aussi de tournoi de qualification pour la Coupe du Monde féminine de la FIFA™.

Les Américaines Alex Morgan et Carli Lloyd célèbrent le but vainqueur des États-Unis contre le Canada, en 2018.

1991 LES DÉBUTS

Haïti a accueilli le premier CFC il y a près de trente ans. Les États-Unis ont remporté cette première édition, en mettant cinq buts au Canada en finale.

8 INÉGALABLES

Aucune équipe ne tient la comparaison avec les États-Unis dans la compétition. Les Américaines l'ont remportée à huit reprises, un record. Le Canada occupe la deuxième marche du podium, avec deux titres continentaux.

5 MALÉDICTION

Le Canada a perdu cinq finales du CFC. Les Canadiennes étaient très proches de la victoire en 2006 et 2002, elles se sont inclinées à chaque fois sur un but en or en prolongation.

COUPE D'AFRIQUE DES NATIONS

L'histoire de la Coupe d'Afrique des Nations (CAN), compétition lancée en 1957, est très riche. La première édition mettait aux prises l'Éthiopie, le Soudan et l'Égypte. De nos jours, la compétition se joue tous les deux ans et 24 nations africaines y prennent part.

L'Afrique du Sud a remporté le trophée pour sa première participation à la CAN en 1996. Nelson Mandela, mythique président sud-africain (au centre), s'est joint à ces festivités historiques.

Depuis 2013, la Coupe d'Afrique des Nations se tient lors des années impaires pour éviter les conflits avec la Coupe du Monde de la FIFA™.

TENANT DU TITRE	
ALGÉRIE	
RECORD DE TITRES	
ÉGYPTE	7
RECORD DE PARTICIPATIONS	
ÉGYPTE	24

HISTORIQUE

CAN	ANNÉE	PAYS HÔTE	ÉQUIPES
PREMIÈRE ÉDITION	1957	SOUDAN	3
DERNIÈRE ÉDITION	2019	ÉGYPTE	24
PROCHAINE ÉDITION	2022*	CAMEROUN	24

*Compétition d'abord reportée en 2021 puis en 2022 à cause de la pandémie mondiale de COVID-19 de 2020.

LION INDOMPTABLE

Samuel Eto'o est considéré comme l'un des meilleurs joueurs de l'histoire de la compétition. Ses performances avec le Cameroun lui ont permis d'inscrire 18 buts sur six éditions, un record. Eto'o a remporté la CAN à deux reprises, en 2000 et 2002.

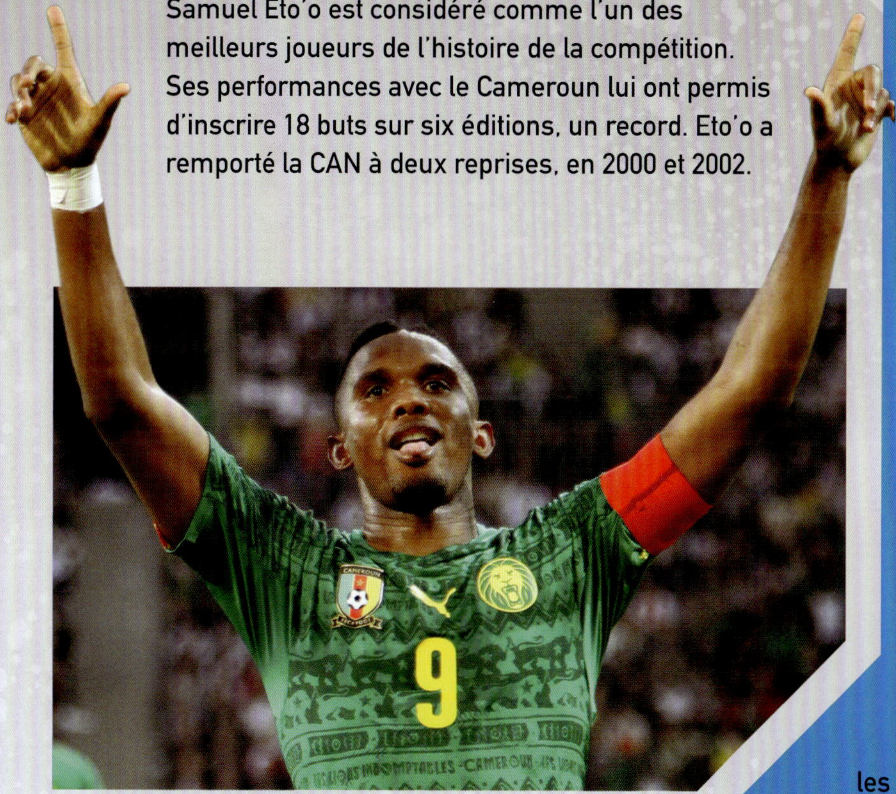

11–10

MATCH MÉMORABLE

La finale 1992 entre la Côte d'Ivoire et le Ghana a été très stressante. Le match s'est terminé aux tirs au but et ce sont les Ivoiriens qui l'ont emporté 11-10 pour décrocher leur premier titre. C'était la première fois que tous les joueurs présents sur le terrain tentaient leur chance après une finale de tournoi international majeur.

7 ROIS D'ÉGYPTE

La victoire de l'Égypte en 2010 a permis aux Égyptiens d'inscrire une nouvelle fois leur nom au palmarès de la CAN, dont ils occupent la première place. En battant le Ghana, les Égyptiens ont décroché leur septième couronne continentale, leur troisième consécutive. Un record.

75 000

SUCCÈS INATTENDU

L'Algérie a remporté le deuxième titre de son histoire – seulement – avec une victoire historique contre le Sénégal en finale en 2019. Les Algériens ont vite ouvert le score avant de résister pour aller soulever le trophée (ci-dessous) devant 75 000 supporters au stade international du Caire, en Égypte.

9 MULAMBA RECORD

Lors de l'édition 1974, le Zaïrois Ndaye Mulamba a marqué neuf buts. C'est le meilleur total de buts inscrits par un joueur sur une édition de la CAN.

8 TOURNOI FÉMININ

Huit nations s'affrontent au cours de la CAN féminine, initiée en 1991. Le Nigéria est la nation la plus titrée, avec 11 sacres. Perpetua Nkwocha, milieu de terrain (ci-contre), a été meilleure buteuse du tournoi à huit reprises.

COUPE D'ASIE AFC

La Coupe d'Asie AFC est la deuxième compétition internationale la plus ancienne de l'histoire du football. Lors de la première édition à Hong Kong, en 1956, seules quatre équipes avaient participé à la phase finale. Depuis, 9 nations différentes ont inscrit leur nom au palmarès du tournoi.

Le Qatar célèbre son tout premier sacre après sa victoire contre le Japon, en 2019.

TENANT DU TITRE	
QATAR	
RECORD DE TITRES	
JAPON	4
RECORD DE PARTICIPATIONS	
IRAN CORÉE DU SUD	14

HISTORIQUE

COUPE D'ASIE AFC	ANNÉE	PAYS HÔTE	ÉQUIPES
PREMIÈRE ÉDITION	1956	HONG KONG	4
DERNIÈRE ÉDITION	2019	ÉMIRATS ARABES UNIS	24
PROCHAINE ÉDITION	2023	CHINE	24

14 DAEI MAGIQUE

Aucun joueur n'a marqué plus de buts en Coupe d'Asie AFC que l'Iranien Ali Daei (à droite). Il détient toujours le record, avec ses 14 buts.

9 ALI PROLIFIQUE

Almoez Ali, joueur du Qatar, a marqué 9 buts durant la Coupe d'Asie AFC 2019. Il a établi le record du nombre de buts inscrits sur une seule édition de la Coupe d'Asie AFC.

L'Australie a changé de confédération en passant de l'OFC à l'AFC en 2006. Désormais, la sélection masculine et la sélection féminine peuvent se qualifier pour la Coupe d'Asie AFC. La sélection féminine a été la première à être sacrée championne de l'AFC en 2010. La sélection masculine a décroché le titre en 2015.

COUPE D'ASIE FÉMININE AFC

Avec 12 équipes en lice (à partir de 2022), la Coupe d'Asie féminine de l'AFC est la plus grande compétition internationale féminine d'Asie. Le Japon est champion en titre depuis en 2018.

Les Japonaises soulèvent le trophée après avoir remporté la finale de la Coupe d'Asie féminine de l'AFC contre l'Australie en 2018.

16 JEUNESSE AUSTRALIENNE

Les Australiennes ont remporté leur première Coupe d'Asie seulement quatre ans après avoir rejoint l'AFC. Sam Kerr, attaquante de 16 ans, a ouvert le score en finale, mais la Corée du Nord a égalisé. Après prolongation, puis aux tirs au but, l'Australie a finalement gagné 5-4.

8 ORIENT EXPRESS

La compétition est dominée par les pays de la ceinture pacifique. La sélection féminine chinoise a décroché huit titres, dont sept consécutifs.

60 MATCH COURT

De 1975 à 1981, les matchs de la Coupe d'Asie féminine AFC ne duraient que 60 minutes. Depuis 2014, la compétition sert de tournoi qualificatif pour la Coupe du Monde féminine de la FIFA™.

adidas
FIFA

LES MEILLEURES NATIONS DU MONDE

Le football est un sport populaire dans le monde entier et la FIFA, qui représente les 211 associations membres, en est la principale instance gouvernante. La plupart des matchs légendaires se sont joués sur la scène internationale, là où les meilleures nations du football se disputent les trophées les plus prestigieux du monde.

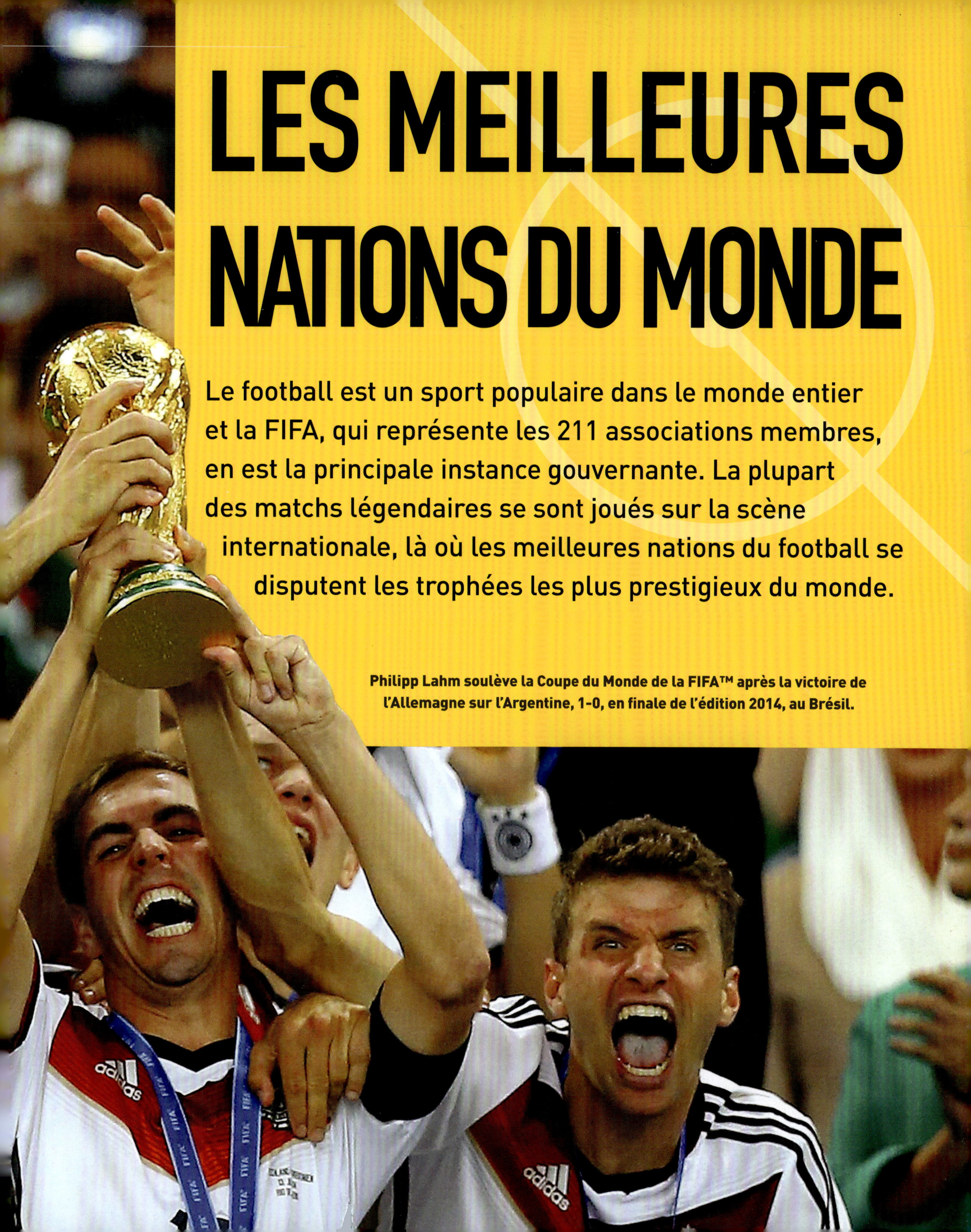

Philipp Lahm soulève la Coupe du Monde de la FIFA™ après la victoire de l'Allemagne sur l'Argentine, 1-0, en finale de l'édition 2014, au Brésil.

ANGLETERRE (HOMMES)

L'Angleterre a disputé le premier match international officiel de l'histoire en 1872, contre l'Écosse, à Partick. Surnommés *The Three Lions*, les Anglais ont remporté leur seule compétition majeure en 1966, à domicile, lors de la Coupe du Monde de la FIFA™.

L'Angleterre s'apprête à affronter la Belgique pour la troisième place de la Coupe du Monde de la FIFA 2018™ en Russie.

Jusqu'à présent, 143 clubs ont fourni des joueurs à la sélection d'Angleterre. Tottenham Hotspur, club du nord de Londres, est celui qui en a fourni le plus (78).

STATISTIQUES

FIFA REJOINTE EN : 1905
MEILLEUR CLASSEMENT MONDIAL FIFA/COCA-COLA : 1
STADE : Wembley (Londres)
PERFORMANCES : COUPE DU MONDE DE LA FIFA 1966™ (vainqueur)
PARTICIPATIONS EN COUPE DU MONDE DE LA FIFA™ : 15
PARTICIPATIONS EN CHAMPIONNAT D'EUROPE UEFA : 9

MEILLEURS BUTEURS

1. WAYNE ROONEY	53
2. BOBBY CHARLTON	49
3. GARY LINEKER	48
4. JIMMY GREAVES	44
5. MICHAEL OWEN	40

ANGLAIS HISTORIQUES

L'Angleterre est célèbre pour sa victoire en 1966 au stade de Wembley. Geoff Hurst est devenu le seul joueur à marquer un triplé en finale de Coupe du Monde de la FIFA™, permettant à l'Angleterre de battre l'Allemagne de l'Ouest 4-2 après prolongation. Le capitaine Bobby Moore a soulevé le trophée Jules Rimet pour le plus grand bonheur du public anglais.

COMME UN LION

L'attaquant Gary Lineker détient le record de buts inscrits avec l'Angleterre en Coupe du Monde de la FIFA™, avec 10 réalisations sur les éditions 1986 et 1990. Son instinct de buteur lui a permis de marquer 6 buts lors de l'édition de 1986 au Mexique et de décrocher le Soulier d'or.

RECORDS DE ROONEY

L'attaquant Wayne Rooney a vécu une carrière impressionnante avec le maillot de l'Angleterre. Il est le meilleur buteur de l'histoire de la sélection, avec 53 buts, le plus jeune buteur de l'histoire de la sélection anglaise (17 ans et 317 jours), et le joueur de champ qui compte le plus de sélections. Il a pris sa retraite internationale en 2018.

RECORDS DE SÉLECTIONS

1. PETER SHILTON	125
2. WAYNE ROONEY	120
3. DAVID BECKHAM	115
4. STEVEN GERRARD	114
5. BOBBY MOORE	108

ZONE UEFA

ANGLETERRE (FEMMES)

Les *Lionesses* se sont qualifiées pour leur premier Championnat d'Europe féminin de l'UEFA en 1984, où elles ont fini deuxièmes. Depuis, l'Angleterre fait partie des meilleures nations mondiales. Les Anglaises ont participé à la phase finale de la Coupe du Monde féminine de la FIFA™ à cinq reprises.

Le premier match officiel de football féminin en Angleterre s'est tenu le 23 mars 1985. Le Nord avait battu le Sud 7-1.

L'Angleterre se prépare à affronter les États-Unis en demi-finale de la Coupe du Monde féminine de la FIFA 2019™.

STATISTIQUES

MEILLEUR CLASSEMENT MONDIAL FÉMININ FIFA/COCA-COLA : 2
PERFORMANCES : Coupe du Monde féminine de la FIFA 2015™ (troisième place) ; Championnat d'Europe féminin de l'UEFA (finaliste) 1984, 2009
PARTICIPATIONS EN COUPE DU MONDE FÉMININE DE LA FIFA™ : 5
PARTICIPATIONS EN CHAMPIONNAT D'EUROPE FÉMININ UEFA : 8
PARTICIPATIONS AUX JEUX OLYMPIQUES : 1 (avec la Grande-Bretagne)

MEILLEURES BUTEUSES

1. KELLY SMITH	46
2. KERRY DAVIS	44
3. KAREN WALKER	40
= FARA WILLIAMS	
5. ELLEN WHITE	39

RECORDS DE SÉLECTIONS

1. FARA WILLIAMS	172
2. JILL SCOTT	151
3. KAREN CARNEY	144
4. ALEX SCOTT	140
5. CASEY STONEY	130

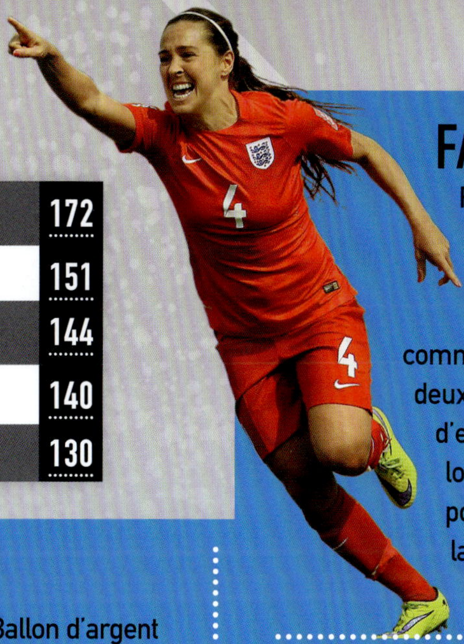

FABULEUSE FARA

Fara Williams (à gauche), qui joue milieu, détient le record de sélections avec l'Angleterre. Sa carrière internationale a commencé lorsqu'elle avait 17 ans et a duré deux décennies. On se souvient notamment d'elle pour son tir au but vainqueur lorsque l'Angleterre a battu l'Allemagne pour la première fois et fini troisième de la Coupe du Monde féminine de la FIFA 2015™, au Canada.

BRILLANTE BRONZE

La défenseuse Lucy Bronze a remporté le Ballon d'argent de la Coupe du Monde féminine de la FIFA 2019™, en France, un trophée qui récompense la deuxième meilleure joueuse du tournoi. En 2020, elle a remporté le trophée The Best Joueuse FIFA. La vice-capitaine de l'Angleterre est connue pour ses courses fracassantes et ses buts marqués sur des volées spectaculaires. Elle compte plus de 80 sélections avec son pays.

BUTEUSE SENSATIONNELLE

L'attaquante Kelly Smith est considérée comme l'une des joueuses les plus douées techniquement de l'histoire de la sélection anglaise. Avec 117 sélections au compteur, elle est la meilleure buteuse de l'Angleterre, avec 46 buts. Elle a disputé deux Coupes du Monde féminine de la FIFA™, trois Championnats d'Europe féminin de l'UEFA, et les Jeux olympiques de Londres 2012 sous le maillot de la Grande-Bretagne.

ZONE UEFA

FRANCE (HOMMES)

Championne du monde en titre et deux fois vainqueur de la Coupe du Monde de la FIFA™, la France compte sur un riche passé. Créée en 1904, la sélection française a participé à 15 éditions de la Coupe du Monde de la FIFA™ et a joué dix Championnats d'Europe de l'UEFA. Impressionnant !

Le gardien Fabien Barthez est le joueur français qui compte le plus de matchs en Coupe du Monde de la FIFA™ (17, de 1998 à 2006).

La France célèbre son deuxième titre de championne du monde, en 2018.

STATISTIQUES

FIFA REJOINTE EN : 1907
MEILLEUR CLASSEMENT MONDIAL FIFA/COCA-COLA : 1
STADE : Stade de France (Paris)
PERFORMANCES : Coupe du Monde de la FIFA™ 1998, 2018 (vainqueur) ; Championnat d'Europe de l'UEFA 1984, 2000 (vainqueur) ; Jeux olympiques 1984 (médaille d'or), 1900 (médaille d'argent)
PARTICIPATIONS EN COUPE DU MONDE DE LA FIFA™ : 15
PARTICIPATIONS EN CHAMPIONNAT D'EUROPE UEFA : 9

MEILLEURS BUTEURS

1. THIERRY HENRY	51
2. OLIVIER GIROUD	46
3. MICHEL PLATINI	41
4. ANTOINE GRIEZMANN	38
5. DAVID TREZEGUET	34

LE ROI HENRY

Le grand Thierry Henry (à droite) a marqué 51 buts pour la France et a dépassé Michel Platini pour devenir meilleur buteur de l'histoire des Bleus en 2007. L'attaquant est le seul Français à avoir participé à quatre éditions de la Coupe du Monde de la FIFA™, participant à la victoire en 1998. Il faisait partie des joueurs clés de l'équipe qui a remporté l'UEFA EURO 2000.

L'Institut National du Football de Clairefontaine, centre d'entraînement mondialement connu, a formé plusieurs des meilleurs joueurs de l'histoire du football français.

BUTEUR HÉROÏQUE

L'attaquant Just Fontaine (à gauche) détient le record du nombre de buts inscrits sur une seule Coupe du Monde de la FIFA™ grâce à ses 13 buts marqués en 1958. Il reste le seul Français à avoir marqué un triplé lors de la compétition. Il a même été sélectionneur national le temps de deux matchs, en 1967.

JEUNESSE DORÉE

L'attaquant Kylian Mbappé a contribué au deuxième sacre de la France à la Coupe du Monde de la FIFA 2018™, marquant même en finale, à 19 ans. Le seul autre joueur de moins de 20 ans à avoir fait de même n'est autre que Pelé. Plus tôt dans le tournoi, Mbappé était devenu le plus jeune buteur français en compétition majeure.

RECORDS DE SÉLECTIONS

1. LILIAN THURAM	142
2. HUGO LLORIS	129
3. THIERRY HENRY	123
4. MARCEL DESAILLY	116
5. OLIVIER GIROUD	110

FRANCE (FEMMES)

Même si un championnat national féminin a été créé en 1974, *Les Bleues*, malgré leurs nombreux matchs internationaux, ne se sont qualifiées pour leur premier Championnat d'Europe féminin de l'UEFA qu'en 1997. Elles ont participé à leur première Coupe du Monde féminine de la FIFA™ en 2003.

La meilleure buteuse de la France à la Coupe du Monde de la FIFA 2019™ est une défenseuse ! Il s'agit de Wendie Renard, qui a inscrit 4 buts durant le tournoi.

La France s'est inclinée contre les États-Unis, vainqueur de la compétition, lors de la Coupe du Monde de la FIFA 2019™.

STATISTIQUES

MEILLEUR CLASSEMENT MONDIAL FÉMININ FIFA/COCA-COLA : 3
PERFORMANCES : Néant
PARTICIPATIONS EN COUPE DU MONDE FÉMININE DE LA FIFA™ : 4
PARTICIPATIONS EN CHAMPIONNAT D'EUROPE FÉMININ UEFA : 6
PARTICIPATIONS AUX JEUX OLYMPIQUES : 2

MEILLEURES BUTEUSES

1. EUGÉNIE LE SOMMER	86
2. MARINETTE PICHON	81
3. MARIE-LAURE DELIE	65
4. GAËTANE THINEY	58
5. CAMILLE ABILY	37

CAPITAINE EXEMPLAIRE

L'actuelle capitaine, Amandine Henry, est un élément central de l'équipe de France. Elle pilote le jeu depuis le milieu de terrain. Elle a disputé deux Coupes du Monde ainsi que le Championnat d'Europe 2017. Elle a remporté le Ballon d'argent adidas de la Coupe du Monde féminine de la FIFA 2015™.

L'équipe de France féminine de football, en 1921.

LEÇON D'HISTOIRE

La Fédération française de Football n'a officiellement reconnu le football féminin qu'il y a 50 ans. C'était en 1970, même si en France, les femmes jouent au football depuis les années 1920. Aujourd'hui, les sélections masculines et féminines se partagent le célèbre centre d'entraînement de Clairefontaine.

AMOUR DU BUT

Eugénie Le Sommer, prolifique attaquante des Bleues, sait marquer des deux pieds et risque de devenir la meilleure buteuse de l'histoire de la sélection avant le Championnat d'Europe féminin de l'UEFA 2022. Elle a fait ses débuts en sélection en 2009 et pourrait franchir la barre des 200 sélections avant sa retraite.

RECORDS DE SÉLECTIONS

1. SANDRINE SOUBEYRAND	198
2. ÉLISE BUSSAGLIA	192
3. LAURA GEORGES	188
4. CAMILLE ABILY	183
5. EUGÉNIE LE SOMMER	174

ALLEMAGNE (HOMMES)

L'Allemagne est un géant du football mondial et affiche un bilan quasi parfait en qualifications pour la Coupe du Monde de la FIFA™ et le Championnat d'Europe de l'UEFA. Parmi les nations les plus titrées, elle fait partie des trois équipes à avoir gagné la Coupe du Monde au moins quatre fois, comme le prouvent les étoiles sur son maillot.

En 2014, l'Allemagne a été sacrée championne du monde pour la quatrième fois.

STATISTIQUES

FIFA REJOINTE EN : 1908
MEILLEUR CLASSEMENT MONDIAL FIFA/COCA-COLA : 1
STADE : Divers
PERFORMANCES : Coupe du Monde de la FIFA™ 1954, 1974, 1990, 2014 (vainqueur) ; Championnat d'Europe de l'UEFA 1972, 1980, 1996 (vainqueur)
PARTICIPATIONS EN COUPE DU MONDE DE LA FIFA™ : 19
PARTICIPATIONS EN CHAMPIONNAT D'EUROPE UEFA : 12

MEILLEURS BUTEURS

1. MIROSLAV KLOSE	71
2. GERD MÜLLER	68
3. LUKAS PODOLSKI	49
4. RUDI VÖLLER	47
= JÜRGEN KLINSMANN	

TRIOMPHE UNIFIÉ

Le quatrième titre mondial de l'Allemagne, en 2014, a mis fin à une période de 18 ans sans titre. C'était la première Coupe du Monde de la FIFA™ remportée par l'Allemagne en tant que nation unifiée, les titres de 1954, 1974 et 1990 ayant été remportés par l'Allemagne de l'Ouest. La finale 2014 était particulièrement serrée, Mario Götze (ci-dessous) a marqué en prolongation et a permis aux Allemands de battre l'Argentine.

SACRÉ KLOSE

Né en Pologne, l'attaquant Miroslav Klose est le meilleur buteur de l'histoire de la sélection allemande, avec 71 buts. Il est également meilleur buteur de l'histoire de la Coupe du Monde de la FIFA™, avec 16 buts marqués sur quatre éditions (2002, 2006, 2010 et 2014). L'Allemagne n'a jamais perdu quand Klose a marqué.

LOTHAR LA LÉGENDE

Lothar Matthäus (ci-dessous) a connu une brillante carrière internationale. Il était capitaine de l'Allemagne de l'Ouest lors de la victoire en Coupe du Monde de la FIFA 1990™, en Italie. Il avait gagné le Championnat d'Europe dix ans plus tôt, avec la *Mannschaft* (« Équipe » en français). Ce combatif milieu central détient le record de sélections avec l'Allemagne (150 matchs internationaux).

RECORDS DE SÉLECTIONS

1. LOTHAR MATTHÄUS	150
2. MIROSLAV KLOSE	137
3. LUKAS PODOLSKI	130
4. BASTIAN SCHWEINSTEIGER	121
5. PHILIPP LAHM	113

ZONE UEFA

ALLEMAGNE (FEMMES)

L'Allemagne, sélection la plus titrée d'Europe, a remporté la Coupe du Monde féminine de la FIFA™ à deux reprises (2003 et 2007) et détient le record de sacres en Championnat d'Europe féminin de l'UEFA, avec huit titres. L'Allemagne a aussi gagné la médaille d'or aux Jeux olympiques 2016, à Rio.

À l'instar des États-Unis, l'Allemagne a terminé dans le top 8 de toutes les éditions de la Coupe du Monde féminine de la FIFA™.

L'Allemagne fête sa médaille d'or suite à sa victoire contre la Suède en finale des Jeux olympiques 2016.

STATISTIQUES

MEILLEUR CLASSEMENT MONDIAL FÉMININ FIFA/COCA-COLA : 1
PERFORMANCES : Coupe du Monde féminine de la FIFA™ 2003, 2007 (vainqueur) ; Championnat d'Europe féminin de l'UEFA 1989, 1991, 1995, 1997, 2001, 2005, 2009, 2013 (vainqueur) ; Jeux olympiques 2016 (médaille d'or), 2000, 2004, 2008 (médaille de bronze)
PARTICIPATIONS EN COUPE DU MONDE FÉMININE DE LA FIFA™ : 8
PARTICIPATIONS EN CHAMPIONNAT D'EUROPE FÉMININ UEFA : 10
PARTICIPATIONS AUX JEUX OLYMPIQUES : 5

MEILLEURES BUTEUSES

1. BIRGIT PRINZ	128
2. HEIDI MOHR	83
3. INKA GRINGS	64
4. CÉLIA ŠAŠIĆ	63
5. ALEXANDRA POPP	53

SUPER BUTEUSE

L'attaquante Birgit Prinz (ci-dessus) est une vraie championne. Elle a gagné deux Coupes du Monde, cinq Championnats d'Europe et trois médailles de bronze olympiques avec l'Allemagne. Elle a fait ses débuts en sélection en 1994, à l'âge de 16 ans, elle est ensuite devenue la joueuse au plus grand nombre de sélections internationales en Europe. Elle est toujours meilleure buteuse de l'histoire de la sélection allemande, avec 128 buts.

DOUBLE COURONNE

En 2007, l'Allemagne a abordé la Coupe du Monde féminine de la FIFA™ en tant que tenante du titre. Emmenées par Birgit Prinz, les Allemandes ont surclassé tout le monde pour filer en finale et affronter le Brésil. La légendaire gardienne Nadine Angerer a arrêté un penalty pour permettre à l'Allemagne de gagner la compétition sans encaisser le moindre but.

PROGRESSION ALLEMANDE

Comme en Angleterre, le football féminin allemand a connu des hauts et des bas. En 1955, la Fédération a interdit aux clubs de laisser les femmes jouer au football en Allemagne de l'Ouest jusqu'en 1970. La sélection nationale a joué son premier match en 1982 pour faire ses débuts (en tant qu'Allemagne de l'Ouest) au Championnat d'Europe féminin de l'UEFA 1989, une édition que les Allemandes ont remportée.

L'équipe d'Allemagne s'apprête à affronter l'Italie en demi-finale de l'EURO féminin de l'UEFA, en 1989.

RECORDS DE SÉLECTIONS

1. BIRGIT PRINZ	214
2. KIRSTIN STEGEMANN	191
3. ARIANE HINGST	174
4. ANJA MITTAG	158
5. BETTINA WIEGMANN	154

ITALIE (HOMMES)

L'Italie, qui compte quatre titres en Coupe du Monde de la FIFA™, n'est qu'à un sacre de champion du monde du record brésilien. Les Italiens ont aussi remporté deux Championnats d'Europe de l'UEFA, en 1968 et 2021 (UEFA EURO 2020). Surnommés les *Azzurri*, ils ont disputé leur premier match il y a plus d'un siècle. C'était en 1910, contre la France.

L'Italie joue en bleu (*azzurro*, en italien). Cette couleur est associée à la dynastie royale qui a unifié le pays en 1861.

Le capitaine Fabio Cannavaro soulève le trophée après la victoire contre la France aux tirs au but, en finale de la Coupe du Monde de la FIFA 2006™, en Allemagne.

STATISTIQUES

FIFA REJOINTE EN : 1910
MEILLEUR CLASSEMENT MONDIAL FIFA/COCA-COLA : 1
STADE : Stadio Olimpico (Rome)
PERFORMANCES : Coupe du Monde de la FIFA™ 1934, 1938, 1982, 2006 (vainqueur) ; Championnat d'Europe de l'UEFA 1968, 2021 (EURO 2020) (vainqueur)
PARTICIPATIONS EN COUPE DU MONDE DE LA FIFA™ : 18
PARTICIPATIONS EN CHAMPIONNAT D'EUROPE UEFA : 9

MEILLEURS BUTEURS

1. LUIGI RIVA	35
2. GIUSEPPE MEAZZA	33
3. SILVIO PIOLA	30
4. ROBERTO BAGGIO	27
= ALESSANDRO DEL PIERO	

POZZO LE PIONNIER

Le sélectionneur italien Vittorio Pozzo (à droite, avec le trophée) est le seul sélectionneur de l'histoire du football masculin à avoir remporté la Coupe du Monde de la FIFA™ à deux reprises, en 1934 et 1938. Il a aussi remporté la médaille d'or olympique en 1936, à Berlin. Pozzo est considéré comme un pionnier du football mondial, ainsi qu'un fin tacticien en son temps.

UN ROI AUX BUTS

Le légendaire capitaine italien Gianluigi Buffon (à gauche) est vu comme l'un des gardiens les plus talentueux de l'histoire de ce sport. Il détient le record de sélections avec l'Italie (176) et faisait partie de l'effectif italien lors de cinq éditions de la Coupe du Monde de la FIFA™ (qu'il a gagnée en 2006), de quatre Championnats d'Europe de l'UEFA et des Jeux olympiques 1996.

CAPITAINE CENTURION

Le défenseur central Cannavaro (ci-dessous) a mené l'Italie à la victoire en Coupe du Monde de la FIFA 2006™, en Allemagne, le dernier titre mondial italien. Il a été désigné Joueur de l'Année par la FIFA la même année, devenant ainsi le premier défenseur à décrocher cet honneur. Cannavaro compte 136 sélections avec les *Azzurri*, un record pour un joueur de champ.

RECORDS DE SÉLECTIONS

1. GIANLUIGI BUFFON	176
2. FABIO CANNAVARO	136
3. PAOLO MALDINI	126
4. DANIELE DE ROSSI	117
5. ANDREA PIRLO	116

ZONE UEFA

PAYS-BAS (HOMMES)

Les *Oranje* (Orange, en français) sont connus comme les inventeurs de l'impressionnant « Football Total », un style au sein duquel chaque joueur doit faire preuve d'une aisance technique redoutable. Leur seul trophée majeur remonte au Championnat d'Europe de l'UEFA 1988, bien qu'ils aient atteint la finale de la Coupe du Monde de la FIFA™ à trois reprises.

L'équipe des Pays-Bas qui est allée en finale de l'UEFA Nations League 2019.

STATISTIQUES

FIFA REJOINTE EN : 1905
MEILLEUR CLASSEMENT MONDIAL FIFA/COCA-COLA : 1
STADE : Johan Cruyff Arena (Amsterdam)
PERFORMANCES : Coupe du Monde de la FIFA™ 1974, 1978, 2010 (finaliste) ; Championnat d'Europe de l'UEFA 1988 (vainqueur)
PARTICIPATIONS EN COUPE DU MONDE DE LA FIFA™ : 10
PARTICIPATIONS EN CHAMPIONNAT D'EUROPE UEFA : 9

MEILLEURS BUTEURS

1. ROBIN VAN PERSIE	50
2. KLAAS-JAN HUNTELAAR	42
3. PATRICK KLUIVERT	40
4. DENNIS BERGKAMP	37
= ARJEN ROBBEN	

La détresse de Mark van Bommel, après la défaite des Pays-Bas en finale de la Coupe du Monde de la FIFA 2010™.

MAÎTRE DU JEU

Johan Cruyff (ci-dessous) est une figure emblématique du football. Son style de jeu et sa philosophie ont inspiré joueurs et entraîneurs partout dans le monde. Attaquant de génie, il a représenté son pays à 48 reprises et a marqué 33 buts. Son geste technique le plus célèbre, le « Cruyff Turn » (« virage de Cruyff »), donnait le tournis aux défenseurs et enthousiasmait le monde entier.

FRUSTRATION FINALE

Les Pays-Bas sont passés tout près de la victoire en Coupe du Monde en 2010. Dans une forme olympique, ils ont gagné tous leurs matchs jusqu'à la finale face à l'Espagne. Après un match nul au terme du temps réglementaire, l'Espagnol Andrés Iniesta a marqué le but vainqueur en deuxième mi-temps de la prolongation et brisé le cœur des Néerlandais.

LE RECORD DE ROBIN

L'attaquant gaucher Robin van Persie (ci-dessous, à droite) détient le record de buts inscrits avec les Pays-Bas, avec 50 réalisations en 102 sélections. Il a représenté son pays en Coupe du Monde de la FIFA™ 2006, 2010 et 2014, ainsi qu'aux Championnats d'Europe de l'UEFA 2008 et 2012.

RECORDS DE SÉLECTIONS

1. WESLEY SNEIJDER	134
2. EDWIN VAN DER SAR	130
3. FRANK DE BOER	112
4. RAFAEL VAN DER VAART	109
5. GIOVANNI VAN BRONCKHORST	106

ZONE UEFA

PAYS-BAS (FEMMES)

La popularité du football féminin aux Pays-Bas a explosé suite à la victoire inattendue des *Lionnes Orange* à l'EURO féminin de l'UEFA 2017. Sur la base de ce succès, l'équipe néerlandaise s'est qualifiée pour la finale de la Coupe du Monde féminine de la FIFA 2019™, en France, deux ans plus tard.

Le football féminin est le sport qui affiche la croissance la plus rapide aux Pays-Bas. Il compte 1,2 million de joueuses affiliées.

L'équipe des Pays-Bas avant la finale de la Coupe du Monde féminine de la FIFA 2019™.

STATISTIQUES

MEILLEUR CLASSEMENT MONDIAL FÉMININ FIFA/COCA-COLA : 2
PERFORMANCES : Championnat d'Europe féminin de l'UEFA 2017 (vainqueur) ; Coupe du Monde féminine de la FIFA™ 2019 (finaliste)
PARTICIPATIONS EN COUPE DU MONDE FÉMININE DE LA FIFA™ : 2
PARTICIPATIONS EN CHAMPIONNAT D'EUROPE FÉMININ UEFA : 3
PARTICIPATIONS AUX JEUX OLYMPIQUES : –

MEILLEURES BUTEUSES

1. VIVIANNE MIEDEMA	73
2. MANON MELIS	59
3. LIEKE MARTENS	49
4. SHERIDA SPITSE	42
5. SYLVIA SMIT	30

FANS FIDÈLES

De nombreux fans ont contribué à l'ascension fulgurante des *Lionnes Orange* ces dernières années. Des milliers de supporters ont célébré la victoire surprise des Pays-Bas à l'EURO féminin de l'UEFA 2016. La finale contre les États-Unis, en 2019, était le match le plus regardé de l'histoire de la Coupe du Monde féminine de la FIFA™ avec plus de 82 millions de téléspectateurs.

BRASSARD ET LONGÉVITÉ

Sherida Spitse, milieu défensive qui compte près de 200 sélections, figure régulièrement dans l'effectif néerlandais depuis ses débuts contre l'Angleterre en 2006. Elle est la plaque tournante du milieu des Pays-Bas, dont elle était capitaine lors du sacre européen de 2017.

RECORDS DE SÉLECTION

1. SHERIDA SPITSE	188
2. ANNEMIEKE KIESEL	156
3. DYANNE BITO	146
4. MARLEEN WISSINK	141
5. DAPHNE KOSTER	139

STAR DE L'EURO

L'attaquante Vivianne Miedema est déjà la buteuse la plus prolifique de l'histoire des Pays-Bas, elle qui a fait ses débuts en sélection à 17 ans. Elle a joué un rôle clé dans la victoire des Pays-Bas à l'EURO féminin de l'UEFA 2017. Elle est entrée dans les livres d'histoire en marquant en demi-finale et en inscrivant un doublé en finale, contre le Danemark.

ESPAGNE (HOMMES)

L'Espagne a été sacrée championne du monde pour la première fois en 2010, un titre venu s'ajouter au Championnat d'Europe de l'UEFA remporté deux ans plus tôt. En 2012, elle a décroché une nouvelle couronne européenne, elle régnait alors en maître sur le football international.

Luis Suárez Miramontes est le joueur le plus âgé à avoir représenté l'Espagne, à presque 37 ans (36 ans et 346 jours).

L'Espagne fête sa victoire à la Coupe du Monde de la FIFA 2010™.

STATISTIQUES

FIFA REJOINTE EN : 1920
MEILLEUR CLASSEMENT MONDIAL FIFA/COCA-COLA : 1
STADE : Divers
PERFORMANCES : Coupe du Monde de la FIFA™ 2010 (vainqueur) ; Championnat d'Europe de l'UEFA 1964, 2008, 2012 (vainqueur) ; Jeux olympiques 1920 (médaille d'argent)
PARTICIPATIONS EN COUPE DU MONDE DE LA FIFA™ : 15
PARTICIPATIONS EN CHAMPIONNAT D'EUROPE UEFA : 10

MEILLEURS BUTEURS

1. DAVID VILLA	59
2. RAÚL	44
3. FERNANDO TORRES	38
4. DAVID SILVA	35
5. FERNANDO HIERRO	29

DÉFENSEUR INUSABLE

Sergio Ramos, le n° 15 de l'Espagne, défend fièrement les couleurs de son pays, à tel point qu'il détient le record de sélections et a marqué plus de 20 buts, un bilan fantastique pour un défenseur central. Ramos a été champion du monde en 2010, ainsi que champion d'Europe en 2008 et 2012 avec l'Espagne. Il a hérité du brassard de capitaine en 2016, après le dernier match international du gardien Iker Casillas et a mené l'équipe jusqu'en 2021.

BUTEUR NÉ

David Villa est le meilleur buteur de l'histoire de l'Espagne, avec 59 buts en 98 matchs. L'attaquant a décroché le Soulier d'or adidas lors de l'UEFA EURO 2008, remporté par l'Espagne, ainsi que le Soulier d'argent lors de la Coupe du Monde de la FIFA 2010™ en tant que co-meilleur buteur). Malheureusement, une fracture de la jambe l'a contraint à déclarer forfait pour l'EURO 2012, que l'Espagne a gagné.

GÉNÉRATION DORÉE

Le groupe de joueurs qui a gagné la Coupe du Monde de la FIFA™ et deux titres européens au cours de cinq années magiques (2008-2012) est considéré comme l'une des meilleures équipes de tous les temps. Avec Iker Casillas dans les buts, l'excellent Sergio Ramos en défense, la paire fantastique Iniesta-Xavi au milieu, ainsi que David Villa et Fernando Torres (à droite) en attaque, cette équipe était presque imbattable.

RECORDS DE SÉLECTIONS

1. SERGIO RAMOS	180
2. IKER CASILLAS	167
3. XAVI	133
4. ANDRÉS INIESTA	131
5. SERGIO BUSQUETS	127

BELGIQUE (HOMMES)

L'équipe de Belgique actuelle est remplie de talents. C'est ce qui lui a permis d'atteindre la première place du classement mondial de la FIFA en 2015 et de la reprendre en 2018. Ce sont des joueurs comme Eden Hazard, Kevin de Bruyne ou Romelu Lukaku qui contribuent à la réussite de cette équipe.

STATISTIQUES

FIFA REJOINTE EN : 1904
MEILLEUR CLASSEMENT MONDIAL FIFA/COCA-COLA : 1
STADE : Divers
PERFORMANCES : Championnat d'Europe de l'UEFA 1980 (finaliste) ; Coupe du Monde de la FIFA™ 2018 (troisième)
PARTICIPATIONS EN COUPE DU MONDE DE LA FIFA™ : 13
PARTICIPATIONS EN CHAMPIONNAT D'EUROPE UEFA : 5

RECORD DE SÉLECTIONS

JAN VERTONGHEN 131

MEILLEUR BUTEUR

ROMELU LUKAKU 64

CROATIE (HOMMES)

La Croatie était brièvement membre de la FIFA durant les années 1940, mais a joué sous les couleurs de la Yougoslavie durant la majeure partie du siècle précédent. Les Croates ont rejoint la FIFA en 1992 et ne cessent de briller. Leur dernière grande performance remonte à la Coupe du Monde de la FIFA 2018™, en Russie, où ils ont atteint la finale.

STATISTIQUES

FIFA REJOINTE EN : 1992
MEILLEUR CLASSEMENT MONDIAL FIFA/COCA-COLA : 3
STADE : Divers
PERFORMANCES : Coupe du Monde de la FIFA™ 2018 (finaliste)
PARTICIPATIONS EN COUPE DU MONDE DE LA FIFA™ : 5
PARTICIPATIONS EN CHAMPIONNAT D'EUROPE UEFA : 5

RECORD DE SÉLECTIONS

LUKA MODRIĆ 142

MEILLEUR BUTEUR

DAVOR ŠUKER 45

GRÈCE (HOMMES)

La Grèce a surpris le monde entier en devenant la neuvième nation championne d'Europe, en 2004. Il ne s'agissait que de sa deuxième participation dans le tournoi, et ils ont battu le Portugal, pays hôte, sur le score de 1-0 en finale.

STATISTIQUES

FIFA REJOINTE EN : 1929
MEILLEUR CLASSEMENT MONDIAL FIFA/COCA-COLA : 7
STADE : Stade olympique (Athènes)
PERFORMANCES : Championnat d'Europe de l'UEFA 2004 (vainqueur)
PARTICIPATIONS EN COUPE DU MONDE DE LA FIFA™ : 3
PARTICIPATIONS EN CHAMPIONNAT D'EUROPE UEFA : 4

RECORD DE SÉLECTIONS

GIORGOS KARAGOUNIS	139

MEILLEUR BUTEUR

NIKOS ANASTOPOULOS	29

PORTUGAL (HOMMES)

Si le Portugal a rejoint la FIFA il y a près d'un siècle, il lui a fallu attendre 2016 pour décrocher son premier titre européen majeur. Les Portugais ont remporté, peu de temps après, l'UEFA Nations League 2019. Au cœur de ces succès, on retrouve le joueur qui compte le plus grand nombre de matchs et de buts inscrits en sélection : Cristiano Ronaldo.

STATISTIQUES

FIFA REJOINTE EN : 1921
MEILLEUR CLASSEMENT MONDIAL FIFA/COCA-COLA : 3
STADE : Estádio da Luz (Lisbonne)
PERFORMANCES : Championnat d'Europe de l'UEFA 2016 (vainqueur) ; UEFA Nations League 2019 (vainqueur)
PARTICIPATIONS EN COUPE DU MONDE DE LA FIFA™ : 7
PARTICIPATIONS EN CHAMPIONNAT D'EUROPE UEFA : 7

RECORD DE SÉLECTIONS

CRISTIANO RONALDO	179

MEILLEUR BUTEUR

CRISTIANO RONALDO	109

NORVÈGE (FEMMES)

La Norvège était l'un des fers de lance du football féminin, qu'elle a marqué grâce à ses triomphes en Europe et sur la scène mondiale. Hege Riise, milieu et détentrice du record de sélections, a aidé son pays à remporter trois titres internationaux majeurs entre 1995 et 2000.

La Norvège a été finaliste du Championnat d'Europe quatre fois de suite, entre 1987 et 1993.

La Norvège fête sa victoire contre les États-Unis et sa médaille d'or olympique aux Jeux de Sydney, en 2000.

STATISTIQUES

MEILLEUR CLASSEMENT MONDIAL FÉMININ FIFA/COCA-COLA : 2

PERFORMANCES : Coupe du Monde féminine de la FIFA™ 1995 (vainqueur) ; Championnat d'Europe féminin de l'UEFA 1987, 1993 (vainqueur) ; Jeux olympiques 2000 (médaille d'or), 1996 (médaille de bronze)

PARTICIPATIONS EN COUPE DU MONDE FÉMININE DE LA FIFA™ : 8

PARTICIPATIONS EN CHAMPIONNAT D'EUROPE FÉMININ UEFA : 11

PARTICIPATIONS AUX JEUX OLYMPIQUES : 3

RECORD DE SÉLECTIONS

HEGE RIISE	188

MEILLEURE BUTEUSE

ISABELL HERLOVSEN	67

SUÈDE (FEMMES)

Les Suédoises ont participé à toutes les éditions de la Coupe du Monde féminine de la FIFA™ et ont manqué le sacre de peu en 2003, l'Allemagne ayant marqué le but en or en prolongation de la finale. La Suède a gagné le Championnat d'Europe féminin de l'UEFA en 1984.

La Suède bat l'Angleterre et finit troisième de la Coupe du Monde féminine de la FIFA 2019™.

STATISTIQUES

MEILLEUR CLASSEMENT MONDIAL FÉMININ FIFA/COCA-COLA : 3

PERFORMANCES : Coupe du Monde féminine de la FIFA™ 2003 (finaliste) ; Championnat d'Europe féminin de l'UEFA 1984 (vainqueur) ; Jeux olympiques 2016 (médaille d'argent)

PARTICIPATIONS EN COUPE DU MONDE FÉMININE DE LA FIFA™ : 8

PARTICIPATIONS EN CHAMPIONNAT D'EUROPE FÉMININ UEFA : 10

PARTICIPATIONS AUX JEUX OLYMPIQUES : 6

RECORD DE SÉLECTIONS

THERESE SJÖGRAN 214

MEILLEURE BUTEUSE

LOTTA SCHELIN 88

ZONE CONCACAF

MEXIQUE (HOMMES)

Le Mexique s'est qualifié pour la Coupe du Monde de la FIFA™ à 16 reprises, atteignant les quarts de finale en 1970 et 1986. Rival incontesté des États-Unis, le Mexique a gagné 11 éditions de la Gold Cup Concacaf. Souvent imprévisibles, les Mexicains ont concédé leur plus large défaite sur le score de 8-0, en match amical, contre l'Angleterre, en 1961.

Le Mexique avant d'affronter l'Allemagne en phase de groupes de la Coupe du Monde de la FIFA 2018™, en Russie.

STATISTIQUES

FIFA REJOINTE EN : 1929

MEILLEUR CLASSEMENT MONDIAL FIFA/COCA-COLA : 4

STADE : Divers

PERFORMANCES : Championnat Concacaf/Gold Cup (11 titres)

PARTICIPATIONS EN COUPE DU MONDE DE LA FIFA™ : 16

RECORD DE SÉLECTIONS

CLAUDIO SUÁREZ 177

MEILLEUR BUTEUR

JAVIER HERNÁNDEZ 52

ÉTATS-UNIS (HOMMES)

Les États-Unis ont disputé leur premier match international officiel contre la Suède, en 1916. En 1930, ils ont participé à la toute première Coupe du Monde de la FIFA™ et ont atteint la troisième place, une performance qu'ils n'ont plus rééditée depuis. Les États-Unis ont remporté leur championnat continental, la Gold Cup Concacaf, à six reprises.

Les États-Unis ont atteint les quarts de finale de la Coupe du Monde de la FIFA 2002™, en Corée du Sud et au Japon.

Les États-Unis ont accueilli la 15e édition de la Coupe du Monde de la FIFA™, en 1994. Ils s'étaient inclinés contre le Brésil, futur champion, 1-0, en 1/8e de finale.

STATISTIQUES

- FIFA REJOINTE EN : 1914
- MEILLEUR CLASSEMENT MONDIAL FIFA/COCA-COLA : 4
- STADE : Divers
- PERFORMANCES : Coupe du Monde de la FIFA™ 1930 (troisième place) ; Jeux olympiques 1904 (médailles d'argent et de bronze – non comptabilisées par la FIFA) ; Championnat Concacaf/Gold Cup (6 titres)
- PARTICIPATIONS EN COUPE DU MONDE DE LA FIFA™ : 10

RECORD DE SÉLECTIONS

COBI JONES	164

MEILLEUR BUTEUR

CLINT DEMPSEY, LANDON DONOVAN	57

ZONE CONCACAF

ÉTATS-UNIS (FEMMES)

Les États-Unis ont l'équipe féminine la plus titrée au monde. Les Américaines ont remporté quatre éditions de la Coupe du Monde féminine de la FIFA™ et quatre médailles d'or olympiques. Créée en 1985, la sélection américaine a permis au football féminin de se faire connaître à l'échelon international sur les dernières décennies.

Les États-Unis célèbrent leur ouverture du score en finale de la Coupe du Monde féminine de la FIFA 2019™, contre les Pays-Bas.

Les États-Unis et le Canada sont les deux locomotives du football féminin dans la région Concacaf et figurent régulièrement dans le Top 10 du classement mondial féminin FIFA/Coca-Cola.

STATISTIQUES

MEILLEUR CLASSEMENT MONDIAL FÉMININ FIFA/COCA-COLA : 1

PERFORMANCES : Coupe du Monde féminine de la FIFA™ 1991, 1999, 2015, 2019 (vainqueur), 2011 (finaliste) ; Jeux olympiques 1996, 2004, 2008, 2012 (médaille d'or), 2000 (médaille d'argent)

PARTICIPATIONS EN COUPE DU MONDE FÉMININE DE LA FIFA™ : 8

PARTICIPATIONS AUX JEUX OLYMPIQUES : 6

RECORD DE SÉLECTIONS

KRISTINE LILLY 354

MEILLEURE BUTEUSE

ABBY WAMBACH 184

CANADA (FEMMES)

Formée en 1986, l'équipe du Canada a disputé toutes les éditions de la Coupe du Monde féminine de la FIFA™ depuis 1995, et a décroché deux médailles de bronze olympiques, en 2012 et 2016. La légendaire Christine Sinclair détient le record de sélections et de buts inscrits avec le Canada.

Le Canada est allé jusqu'en 1/8e de finale de la Coupe du Monde féminine de la FIFA 2019™, en France.

STATISTIQUES

- MEILLEUR CLASSEMENT MONDIAL FÉMININ FIFA/COCA-COLA : 4
- PERFORMANCES : Jeux olympiques 2012, 2016 (médaille de bronze)
- PARTICIPATIONS EN COUPE DU MONDE FÉMININE DE LA FIFA™ : 7
- PARTICIPATIONS AUX JEUX OLYMPIQUES : 3

RECORD DE SÉLECTIONS

CHRISTINE SINCLAIR 299

MEILLEURE BUTEUSE

CHRISTINE SINCLAIR 186

ARGENTINE (HOMMES)

L'Argentine fait partie des sélections les plus anciennes du monde. L'*Albiceleste* (blanc et bleu ciel, en français) a disputé son premier match international en 1901, a remporté deux éditions de la Coupe du Monde de la FIFA™ et a atteint trois autres finales, la dernière remonte à 2014.

Lionel Messi est le seul joueur à avoir marqué en Coupe du Monde de la FIFA™ à moins de 20 ans, entre l'âge de 20 et 30 ans, et à plus de 30 ans (en 2006, 2014 et 2018).

Diego Maradona soulève le trophée de la Coupe du Monde de la FIFA™ après la célèbre victoire de l'Argentine en 1986.

STATISTIQUES

FIFA REJOINTE EN : 1912
MEILLEUR CLASSEMENT MONDIAL FIFA/COCA-COLA : 1
STADE : Estadio Monumental Antonio Vespucci Liberti (Buenos Aires)
PERFORMANCES : Coupe du Monde de la FIFA™ 1978, 1986 (vainqueur) ; Copa América (15 titres) ; Coupe des Confédérations FIFA 1992
PARTICIPATIONS EN COUPE DU MONDE DE LA FIFA™ : 17
PARTICIPATIONS EN COPA AMÉRICA : 43

MEILLEURS BUTEURS

1. LIONEL MESSI	76
2. GABRIEL BATISTUTA	54
3. SERGIO AGÜERO	41
4. HERNÁN CRESPO	35
5. DIEGO MARADONA	34

MESSI INÉGALÉ

Six fois vainqueur du Ballon d'or FIFA, Lionel Messi est l'un des plus grands joueurs de l'histoire du football. Au niveau international, Messi a atteint les 70 buts en 138 matchs en 2019. Capitaine de la sélection depuis 2011, Messi a annoncé sa retraite internationale en 2016 à seulement 29 ans, avant de revenir sur sa décision.

SUCCÈS OLYMPIQUE

L'Argentine a remporté deux médailles d'or consécutives aux Jeux olympiques, en 2004, à Athènes, et en 2008, à Pékin. Au sein du talentueux effectif de 2008, on retrouvait de jeunes joueurs comme Lionel Messi, Sergio Agüero et Javier Mascherano, qui figurent aujourd'hui parmi les plus grands joueurs à avoir porté le maillot argentin.

LA MAIN DE DIEU

Tandis que certains considèrent Diego Maradona comme une légende nationale, le milieu offensif a connu une carrière internationale mouvementée. Non retenu dans l'équipe qui a remporté la Coupe du Monde de la FIFA™ en 1978, il a été expulsé lors de l'édition 1982. Il a ensuite guidé son équipe à un deuxième titre mondial en 1986, notamment grâce à la controversée « Main de Dieu », un but inscrit du poing.

RECORDS DE SÉLECTIONS

1. LIONEL MESSI	151
2. JAVIER MASCHERANO	147
3. JAVIER ZANETTI	143
4. ROBERTO AYALA	114
5. ÁNGEL DI MARÍA	111

BRÉSIL (HOMMES)

Réputé pour son jeu technique et fluide, le Brésil compte toujours parmi les favoris à chacune de ses compétitions. Les Brésiliens ont remporté la Coupe du Monde de la FIFA™ à cinq reprises, un record. Ils ont aussi décroché la médaille d'or olympique en 2016, à domicile, à Rio.

Le capitaine Cafu soulève le trophée de la Coupe du Monde de la FIFA™ après le cinquième sacre du Brésil, en 2002.

STATISTIQUES

FIFA REJOINTE EN : 1923
MEILLEUR CLASSEMENT MONDIAL FIFA/COCA-COLA : 1
STADE : Maracanã (Rio de Janeiro)
PERFORMANCES : Coupe du Monde de la FIFA™ 1958, 1962, 1970, 1994, 2002 (vainqueur) ; Copa América (9 titres) ; Coupe des Confédérations FIFA 1997, 2005, 2009, 2013 (vainqueur) ; Jeux olympiques 2016 (médaille d'or), 1984, 1988, 2012 (médaille d'argent)
PARTICIPATIONS EN COUPE DU MONDE DE LA FIFA™ : 21
PARTICIPATIONS EN COPA AMÉRICA : 37

MEILLEURS BUTEURS

1. PELÉ	77
2. NEYMAR JR	68
3. RONALDO	62
4. ROMÁRIO	55
5. ZICO	48

RECORDS DE SÉLECTIONS

1.	CAFU	142
2.	ROBERTO CARLOS	125
3.	DANI ALVES	118
4.	NEYMAR JR	111
5.	LÚCIO	103

ÉCHANGE DE MAILLOT(S)

Le jaune vif du maillot brésilien est connu dans le monde entier, au point qu'on surnomme la sélection *Canarinha* (le petit canari, en français). Mais avant la Coupe du Monde de la FIFA 1954™, les maillots étaient blancs ornés d'éléments bleus. Le Brésil est devenu champion du monde pour la première fois en 1958 avec un maillot bleu, car le jaune était déjà porté par la Suède, son adversaire en finale.

LE ROI PELÉ

Le légendaire Pelé (ci-dessous) est codétenteur du titre de Joueur du Siècle FIFA avec l'Argentin Diego Maradona. Pelé a disputé quatre Coupes du Monde et reste le seul joueur à l'avoir remportée trois fois. Il est devenu champion du monde pour la première fois en Suède en 1958, à seulement 17 ans. Pelé est toujours le meilleur buteur de l'histoire de la sélection brésilienne, même si sa dernière sélection remonte à 1971, soit plus de 50 ans.

CAPITAINE FANTASTIQUE

Cafu (ci-dessous) détient le record de sélections avec le Brésil. On se souvient de ce rapide arrière-droit pour ses folles chevauchées et ses tacles toujours parfaitement exécutés. Il a disputé quatre Coupes du Monde de la FIFA™, et a soulevé le trophée en tant que capitaine en 2002. La dernière de ses 142 sélections remonte au quart de finale perdu lors de la Coupe du Monde de la FIFA 2006™ en Allemagne.

Les joueurs brésiliens sont appelés soit par leur prénom, soit par un surnom, une tradition qui remonte à 1914. Le nom complet de Pelé est Edson Arantes do Nascimento.

BRÉSIL (FEMMES)

La sélection nationale féminine du Brésil a joué son premier match en 1986 et a disputé toutes les Coupes du Monde féminines de la FIFA™ depuis son lancement en 1991. Les *Canarinhas* sont passées près d'un titre majeur à trois reprises. Elles ont atteint la finale mondiale en 2007, après avoir décroché la médaille d'argent olympique en 2004 et avant celle de 2008.

Les Brésiliennes avant leur finale aux Jeux olympiques 2008, où elles ont décroché la médaille d'argent.

STATISTIQUES

MEILLEUR CLASSEMENT MONDIAL FÉMININ FIFA/COCA-COLA : 2
PERFORMANCES : Coupe du Monde féminine de la FIFA™ 2007 (finaliste) ; Jeux olympiques 2004, 2008 (médaille d'argent)
PARTICIPATIONS EN COUPE DU MONDE FÉMININE DE LA FIFA™ : 8
PARTICIPATIONS AUX JEUX OLYMPIQUES : 6

MEILLEURES BUTEUSES

1. MARTA	109
2. CRISTIANE	96
3. ROSELI	42
= PRETINHA	
5. DEBINHA	40

MERVEILLEUSE MARTA

Marta Vieira da Silva (ci-dessous) est l'une des joueuses emblématiques du Brésil, mais aussi du football féminin en général. Grâce à ses nombreux buts, ses cinq participations à la Coupe du Monde féminine de la FIFA™ et ses quatre participations aux Jeux olympiques, elle a décroché plusieurs trophées de Joueuse de l'Année FIFA au cours de son extraordinaire carrière.

FABULEUSE FORMIGA

Formiga (ci-dessous) est milieu de terrain. Elle compte plusieurs records, dont celui du nombre de participations en Coupe du Monde féminine de la FIFA™ (sept participations en vingt-quatre ans). Elle a disputé les six Jeux olympiques. À 41 ans et 112 jours, elle est devenue la joueuse la plus âgée à participer à une Coupe du Monde féminine de la FIFA™, et la buteuse la plus âgée de l'histoire de la compétition.

Le Brésil est la meilleure nation d'Amérique du Sud en matière de football féminin. Les Brésiliennes ont remporté huit éditions de la *Copa América Femenina*.

BRÉSIL BANNI

L'histoire du football féminin au Brésil est similaire à celle de nombreux pays européens. En 1941, le président brésilien a interdit aux femmes de jouer au football, décrétant que ce sport était « incompatible avec les caractéristiques naturelles des femmes », et ce, jusqu'en 1979, année durant laquelle les femmes ont enfin pu trouver leur place dans le monde du football.

RECORDS DE SÉLECTIONS

1. FORMIGA	200
2. MARTA	157
3. CRISTIANE	150
4. ROSANA	114
5. TAMIRES	103

URUGUAY (HOMMES)

L'Uruguay a eu l'honneur de remporter la toute première Coupe du Monde de la FIFA™, en 1930, avant d'en gagner une deuxième vingt ans plus tard, en 1950. Il s'agit de la plus petite nation à avoir soulevé le trophée. Avec son record partagé de titres en Copa América (15), l'Uruguay affiche un palmarès très fourni.

L'Uruguayen Edinson Cavani (21) à l'ouverture du score contre la Russie, pays hôte, lors de la Coupe du Monde de la FIFA 2018™.

L'Estadio Centenario, stade historique de l'Uruguay, a été construit pour la première Coupe du Monde de la FIFA™ en 1930. À une époque, il pouvait accueillir près de 100 000 personnes.

STATISTIQUES

FIFA REJOINTE EN : 1916
MEILLEUR CLASSEMENT MONDIAL FIFA/COCA-COLA : 2
STADE : Estadio Centenario (Montevideo)
PERFORMANCES : Coupe du Monde de la FIFA™ 1930, 1950 (vainqueur) ; Jeux olympiques 1924, 1928 (médaille d'or) ; Copa América (15 titres)
PARTICIPATIONS EN COUPE DU MONDE DE LA FIFA™ : 13
PARTICIPATIONS EN COPA AMÉRICA : 44

MEILLEURS BUTEURS

1. LUIS SUÁREZ	64
2. EDINSON CAVANI	53
3. DIEGO FORLÁN	36
4. HÉCTOR SCARONE	31
5. ÁNGEL ROMANO	28

COPA TANT AIMÉE

Avec moins de 3,5 millions d'habitants, l'Uruguay affiche la troisième population la plus faible d'Amérique du Sud. Malgré cela, il a remporté la Copa América CONMEBOL plus que n'importe quel autre pays. La *Celeste* (bleu ciel, en français) occupe la tête du palmarès avec 15 titres,ex-aequo avec l'Argentine.

DOUBLÉ OLYMPIQUE

L'Uruguay a participé aux Jeux olympiques à deux reprises, en 1924 (Paris) et en 1928 (Amsterdam), pour deux médailles d'or. Héctor Scarone (entouré ci-dessous) a joué un rôle clé dans ces succès, car il a marqué cinq buts à Paris, et trois à Amsterdam. L'attaquant est toujours quatrième meilleur buteur de l'histoire de la sélection, avec 31 buts en 52 matchs.

GODÍN AU SOMMET

Considéré comme l'un des meilleurs défenseurs du monde, Diego Godín (ci-dessous) détient le record de sélections avec l'Uruguay. Il a fait ses débuts avec l'équipe nationale à 19 ans et compte trois participations en Coupe du Monde de la FIFA™. Godín est devenu capitaine de l'Uruguay en 2015, et compte aujourd'hui plus de 130 sélections.

RECORDS DE SÉLECTIONS

1. DIEGO GODÍN	146
2. MAXI PEREIRA	125
3. EDINSON CAVANI	123
= FERNANDO MUSLERA	123
= LUIS SUÁREZ	123

MEILLEURES NATIONS AFRICAINES (HOMMES)

Treize nations africaines ont participé à la Coupe du Monde de la FIFA™, tandis que trois équipes d'Afrique subsaharienne ont atteint les quarts de finale : le Cameroun, le Sénégal et le Ghana. La Coupe d'Afrique des Nations (CAN) est la compétition qui réunit les sélections du continent.

Le Cameroun a été la première nation africaine à atteindre les quarts de finale de la Coupe du Monde de la FIFA™, en 1990.

L'Égypte a été la première nation africaine à participer à la Coupe du Monde de la FIFA™. C'était en 1934, en Italie.

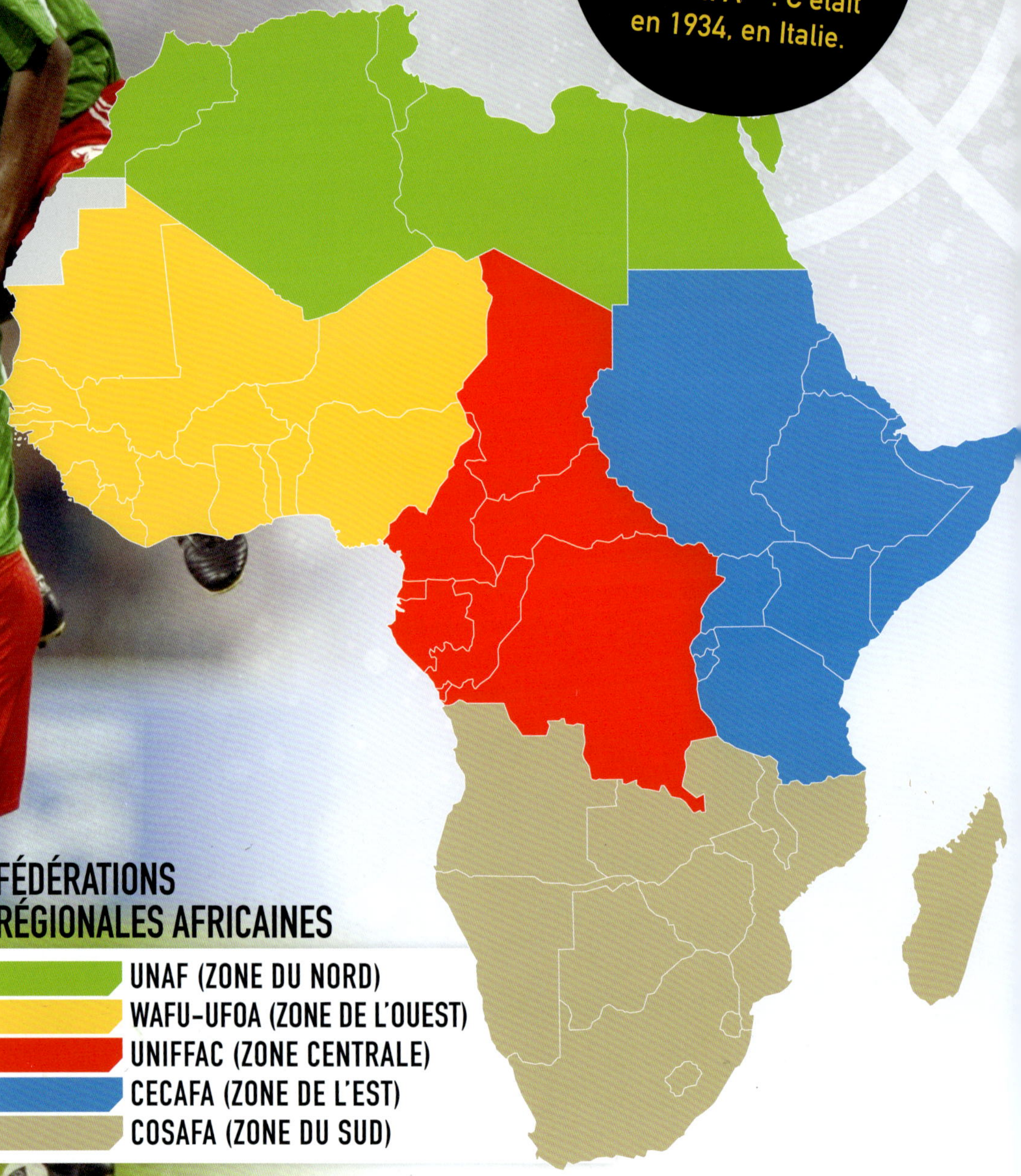

MEILLEURS BUTEURS

1. GODFREY CHITALU (ZAMBIE)	79
2. KINNAH PHIRI (MALAWI)	71
3. HOSSAM HASSAN (ÉGYPTE)	69
4. DIDIER DROGBA (CÔTE D'IVOIRE)	65
5 SAMUEL ETO'O (CAMEROUN)	56

RECORDS DE SÉLECTIONS

1. AHMED HASSAN (ÉGYPTE)	184
2. HOSSAM HASSAN (ÉGYPTE)	170
3. ESSAM EL HADARY (ÉGYPTE)	159
= YOUNG CHIMODZI (MALAWI)	159
	137

Le Camerounais Roger Milla est le buteur le plus âgé de l'histoire de la Coupe du Monde de la FIFA™. Il a marqué à 42 ans et 39 jours contre la Russie, en 1994.

GLOIRE OLYMPIQUE

Le Cameroun, le Ghana et le Nigéria ont connu de glorieux moments lors du tournoi masculin des Jeux olympiques. Au total, elles comptent cinq médailles. Le Nigéria a brillé à l'échelon international en décrochant l'or olympique en 1996 grâce à une victoire contre l'Argentine. Le Cameroun s'est, quant à lui, imposé quatre ans plus tard, à Sidney, contre le même adversaire en finale.

Le Nigéria fête sa victoire aux Jeux olympiques à Atlanta, en finale des Jeux, en 1996.

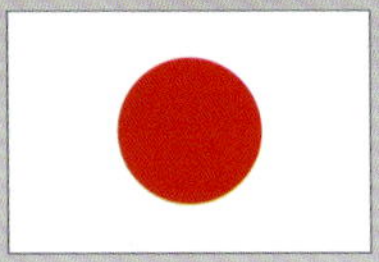

JAPON (HOMMES)

Les *Samurai Blue* ont coorganisé la Coupe du Monde de la FIFA™ en 2002, avec la Corée du Sud. Les Japonais avaient alors atteint la phase à élimination directe pour la première fois de leur histoire. Ils comptent parmi les meilleures nations asiatiques et ont remporté la Coupe d'Asie AFC à quatre reprises.

STATISTIQUES

FIFA REJOINTE EN : 1950

MEILLEUR CLASSEMENT MONDIAL FIFA/COCA-COLA : 9

STADE : Divers

PERFORMANCES : Coupe d'Asie AFC 1992, 2000, 2004, 2011 (vainqueur) ; Jeux olympiques 1968 (médaille de bronze)

PARTICIPATIONS EN COUPE DU MONDE DE LA FIFA™ : 6

RECORD DE SÉLECTIONS

YASUHITO ENDŌ 152

MEILLEUR BUTEUR

KUNISHIGE KAMAMOTO 75

CORÉE DU SUD (HOMMES)

La Corée du Sud a disputé dix phases finales de la Coupe du Monde de la FIFA™ et détient le record asiatique de matchs (34). Sa meilleure performance dans la compétition remonte à 2002, que le pays a coorganisée. La Corée du Sud a impressionné en devenant la première nation asiatique à atteindre les demi-finales.

STATISTIQUES

FIFA REJOINTE EN : 1948

MEILLEUR CLASSEMENT MONDIAL FIFA/COCA-COLA : 17

STADE : Seoul World Cup Stadium (Seoul)

PERFORMANCES : Coupe d'Asie AFC 1956, 1960 (vainqueur)

PARTICIPATIONS EN COUPE DU MONDE DE LA FIFA™ : 10

RECORD DE SÉLECTIONS

CHA BUM-KUN (A), HONG MYUNG-BO 136

MEILLEUR BUTEUR

CHA BUM-KUN 58

JAPON (FEMMES)

Le Japon compte l'équipe nationale féminine la plus titrée d'Asie et a disputé toutes les éditions de la Coupe du Monde féminine de la FIFA™. Les Japonaises ont secoué la planète football en battant les États-Unis en finale en 2011, sous l'impulsion de leur capitaine Homare Sawa (à droite). L'ancienne Joueuse de l'Année FIFA détient le record de sélections et de buts inscrits avec le Japon.

STATISTIQUES

MEILLEUR CLASSEMENT MONDIAL FÉMININ FIFA/COCA-COLA : 3

PERFORMANCES : Coupe du Monde féminine de la FIFA™ 2011 (vainqueur) ; Coupe d'Asie féminine AFC 2014, 2018 (vainqueur) ; Jeux olympiques 2012 (médaille d'argent)

PARTICIPATIONS EN COUPE DU MONDE FÉMININE DE LA FIFA™ : 8

PARTICIPATIONS AUX JEUX OLYMPIQUES : 4

RECORD DE SÉLECTIONS

HOMARE SAWA 205

MEILLEURE BUTEUSE

HOMARE SAWA 83

CHINE (FEMMES)

La Chine était l'une des nations pionnières du football féminin au début des années 1990, alors que ce sport gagnait en popularité dans le monde. Elle a accueilli la première Coupe du Monde féminine de la FIFA™ en 1991 et a atteint la finale en 1999. Les Chinoises avaient perdu de peu contre les États-Unis, aux tirs au but. Sun Wen était l'une des plus grandes stars de l'équipe à l'âge d'or de la sélection.

STATISTIQUES

MEILLEUR CLASSEMENT MONDIAL FÉMININ FIFA/COCA-COLA : 4

PERFORMANCES : Coupe du Monde féminine de la FIFA™ 1999 (finaliste) ; Jeux olympiques 1996 (médaille d'argent) ; Coupe d'Asie féminine AFC (vainqueur – 8 titres)

PARTICIPATIONS EN COUPE DU MONDE FÉMININE DE LA FIFA™ : 7

PARTICIPATIONS AUX JEUX OLYMPIQUES : 4

RECORD DE SÉLECTIONS

PUI WEI 219

MEILLEURE BUTEUSE

SUN WEN 106

ZONE AFC

AUSTRALIE (HOMMES)

L'Australie était affiliée à l'OFC jusqu'en 2006, année où elle a rejoint la Confédération asiatique de football. Les *Socceroos* se sont qualifiés pour les quatre dernières phases finales de la Coupe du Monde de la FIFA™ et ont atteint les 1/8es de finale en 2006, leur meilleure performance à l'heure actuelle. Le Japon est le rival principal de l'Australie dans la zone AFC.

L'Australie a débuté sa campagne qualificative pour la Coupe du Monde de la FIFA 2022™ au Qatar.

STATISTIQUES

FIFA REJOINTE EN : 1963

MEILLEUR CLASSEMENT MONDIAL FIFA/COCA-COLA : 14

STADE : Divers

PERFORMANCES : Coupe d'Asie AFC 2015 (vainqueur) ; Coupe des Nations OFC 1980, 1996, 2000, 2004 (vainqueur)

PARTICIPATIONS EN COUPE DU MONDE DE LA FIFA™ : 5

RECORD DE SÉLECTIONS

MARK SCHWARZER 109

MEILLEUR BUTEUR

TIM CAHILL 50

AUSTRALIE (FEMMES)

La sélection nationale féminine, créée en 1978, a mis du temps à progresser. Elle n'a pas réussi à se qualifier pour la première Coupe du Monde féminine de la FIFA™ en 1991. Depuis, les *Matildas* se sont qualifiées pour toutes les phases finales de la compétition et ont atteint les quarts de finale à trois reprises. L'Australie joue désormais dans la zone AFC et a remporté son premier titre en 2010.

STATISTIQUES

MEILLEUR CLASSEMENT MONDIAL FÉMININ FIFA/COCA-COLA : 4
PERFORMANCES : Championnat féminin OFC 1994, 1998, 2003 (vainqueur) ; Coupe d'Asie féminine de l'AFC 2010 (vainqueur)
PARTICIPATIONS EN COUPE DU MONDE FÉMININE DE LA FIFA™ : 7
PARTICIPATIONS AUX JEUX OLYMPIQUES : 2

RECORD DE SÉLECTIONS

CHERYL SALISBURY	151

MEILLEURE BUTEUSE

LISA DE VANNA	47

ÉQUIPES OFC

Onze nations sont actuellement membres de l'OFC, des Samoa américaines au Vanuatu. Suite au départ de l'Australie pour l'AFC en 2006, la Nouvelle-Zélande est devenue l'équipe la plus titrée de l'OFC. Les *All Whites* ont disputé deux éditions de la Coupe du Monde de la FIFA™ et comptent cinq titres en Coupe de l'OFC.

La Nouvelle-Zélande a participé à la Coupe du Monde de la FIFA™ chez les hommes et chez les femmes.

La Nouvelle-Zélande a fêté sa cinquième participation à la Coupe du Monde féminine de la FIFA™ en 2019.

TOURNOIS CONTINENTAUX

Chaque saison, les champions nationaux et les vainqueurs des coupes nationales gagnent le droit de s'affronter dans des compétitions prestigieuses. Parmi ces compétitions annuelles, on retrouve l'UEFA Champions League, qui met aux prises les meilleures équipes d'Europe tous les ans, ou encore la *Copa Libertadores* CONMEBOL, une compétition qui sacre le club champion d'Amérique du Sud.

Les fans se font entendre tandis que les équipes entrent sur le terrain avant le 1/8e de finale retour de l'UEFA Champions League entre le FC Barcelone et le Paris Saint-Germain, au Camp Nou.

L'EQUIP
UEFA FOUNDATION for children
UEFA FOUNDATION.org

UEFA CHAMPIONS LEAGUE

Aucune compétition de clubs n'est plus importante que l'UEFA Champions League. Les meilleures équipes des plus grands championnats d'Europe y participent tous les ans depuis son lancement, en 1955.

La finale 2015 entre la Juventus et le FC Barcelone a été l'un des matchs les plus regardés de l'histoire de l'UEFA Champions League. Il y a eu environ 180 millions de téléspectateurs.

Le club espagnol du Real Madrid célèbre sa victoire en UEFA Champions League, en 2018.

RECORD DE TITRES	
REAL MADRID	13
RECORD DE PARTICIPATIONS	
REAL MADRID	51

STATISTIQUES DU TOURNOI

HISTORIQUE	ANNÉE	ÉQUIPES
PREMIÈRE ÉDITION	1955-56	16
DERNIÈRE ÉDITION	2020-21	32
PROCHAINE ÉDITION	2021-22	32

FORMAT DU TOURNOI

Le premier tour d'UEFA Champions League consiste en une phase de groupes réunissant 32 équipes réparties en 8 groupes de 4 équipes. Les vainqueurs et deuxièmes de chaque groupe se qualifient pour la phase à élimination directe. Les matchs à élimination directe se jouent en deux manches jusqu'à la finale, qui se joue dans un stade choisi avant le début du tournoi.

LE SENS DU BUT

Avec plus de 135 buts à son actif, Cristiano Ronaldo est le meilleur buteur de l'histoire de la compétition. Il a atteint ce total en marquant avec trois équipes différentes, issues de trois championnats différents : Manchester United (Angleterre), le Real Madrid (Espagne) et la Juventus (Italie).

FINALES FANTASTIQUES

Au fil des années, l'UEFA Champions League a connu des finales inoubliables, et les clubs les plus prestigieux se sont battus de toutes leurs forces pour soulever le célèbre trophée de l'UEFA Champions League. Voici certaines des finales les plus mémorables de l'histoire du tournoi.

Milan Puissance 4 (1994) ▼

AC Milan 4-0 FC Barcelone

Disputée à Athènes, la finale de 1994 a vu l'AC Milan, outsider, réaliser une performance extraordinaire et démolir l'immense FC Barcelone. Les *Rossoneri* menaient de deux buts à la mi-temps et ont marqué deux autres buts en deuxième période pour s'offrir une victoire nette et décrocher leur cinquième couronne européenne.

Red Devils de retour (1999) ▲

Manchester United 2-1 Bayern Munich

L'ambiance était électrique ce soir de 1999, au Camp Nou. Le Bayern Munich semblait avoir déjà gagné le match grâce à son but marqué en début de partie. Mais à trois minutes de la fin, dans le temps additionnel, Manchester United a égalisé par l'intermédiaire de Teddy Sheringham. C'est finalement Ole Gunnar Solskjær qui a marqué le but vainqueur et brisé les rêves des Munichois.

La nuit d'Istanbul (2005) ▼

AC Milan 3-3 a.p. Liverpool
(Liverpool vainqueur 3-2 aux tirs au but)

Lors de la finale 2005, Liverpool a réalisé le plus improbable des renversements de situation. Les *Reds* étaient menés 3-0 à la mi-temps par les Italiens de l'AC Milan, mais se sont repris en deuxième période pour marquer trois buts avec Steven Gerrard, Vladimir Šmicer et Xabi Alonso en six minutes !
Le match est finalement allé en prolongation, puis aux tirs au but. Liverpool a gagné le cinquième sacre de son histoire.
Les *Reds* ont de nouveau remporté la compétition en 2019.

LE TROPHÉE DE L'UEFA CHAMPIONS LEAGUE

Le trophée actuel est la cinquième version de cette coupe au design unique. Elle mesure 73,5 cm de haut et pèse 7,5 kg. Auparavant, la coupe devenait propriété du club qui remportait la compétition cinq fois en tout, ou trois années de suite. C'est pour cela que le Real Madrid, l'AC Milan, l'Ajax et Liverpool disposent d'une version dans leur armoire à trophées. En 2008, l'UEFA a changé cette règle. Désormais, les clubs reçoivent une réplique.

Seuls 22 clubs ont remporté la Champions League depuis ses débuts, en 1955.

UEFA WOMEN'S CHAMPIONS LEAGUE

La plus grande compétition d'Europe chez les femmes s'appelle l'UEFA Women's Champions League. Ce tournoi s'est disputé pour la première fois en 2001 sous le nom d'UEFA Women's Cup, avant d'être rebaptisé pour l'édition 2009-10.

La Lyonnaise Ada Hegerberg (ci-dessous) est devenue la meilleure buteuse de l'histoire de la compétition en 2019, avec 53 buts.

En 2019, Lyon est devenu le premier club à disputer 100 matchs d'UEFA Women's Cup/ Champions League. Le club détient le record de titres (6).

Lyon a décroché six couronnes européennes, plus que n'importe quel autre club.

RECORD DE TITRES	
LYON	7
RECORD DE PARTICIPATIONS	
KÍ KLAKSVÍK	16

STATISTIQUES DU TOURNOI

HISTORIQUE	ANNÉE	ÉQUIPES
PREMIÈRE ÉDITION	2001-02	32
DERNIÈRE ÉDITION	2020-21	32
PROCHAINE ÉDITION	2021-22	73

VAINQUEURS DU TOURNOI

ÉQUIPE	ANNÉES
LYON	2011, 2012, 2016, 2017, 2018, 2019, 2020
FFC FRANCFORT	2002, 2006, 2008, 2015
UMEÅ	2003, 2004
TURBINE POTSDAM	2005, 2010
WOLFSBURG	2013, 2014

PREMIÈRE POUR FRANCFORT

Les Allemandes de Francfort, menées par Birgit Prinz (ci-dessous, au centre) ont été les premières à remporter l'UEFA Women's Cup en 2002. Jouée à Francfort, la finale a réuni plus de 12 000 spectateurs, un record pour une rencontre féminine à l'époque.

TRIPLE TRIOMPHE

L'attaquante Conny Pohlers, aujourd'hui retraitée (à gauche), a été championne d'Europe avec trois clubs allemands : le Turbine Potsdam (2005), le FFC Francfort (2008) et Wolfsburg (en 2013 et 2014).

QUELQUES SECONDES

La Brésilienne Marta a marqué pour Umeå après seulement 12 secondes de jeu en finale aller de l'édition 2008, à domicile. Malheureusement, c'est Francfort qui a remporté cette double confrontation, 4-3 sur l'ensemble des deux matchs.

UEFA EUROPA LEAGUE

Tous les ans, l'UEFA Europa League offre aux clubs la chance de remporter un trophée européen majeur. La compétition s'est jouée pour la première fois en 1971 et s'appelait alors Coupe UEFA. Les clubs des meilleures nations d'Europe se qualifient pour la compétition en fonction de leur classement final en championnat.

Villarreal a décroché sa première Europa League en 2021 grâce à un succès contre Man United, 11-10, au terme d'une époustouflante séance de tirs au but.

STATISTIQUES DU TOURNOI

RECORD DE TITRES	
SÉVILLE	6
RECORD DE PARTICIPATIONS	
SPORTING LISBONNE	34

HISTORIQUE	ANNÉE	ÉQUIPES
PREMIÈRE ÉDITION	1971-72	64
DERNIÈRE ÉDITION	2020-21	48 + 8*
PROCHAINE ÉDITION	2021-22	32 + 8*

*Huit équipes rejoignent la compétition pour la phase à élimination directe.

UN REYES RECORD

Le regretté José Antonio Reyes, ailier espagnol (ci-dessous), est le joueur qui a le plus soulevé le trophée de l'UEFA Europa League : deux fois avec l'Atlético Madrid et trois fois avec Séville.

FIESTA À SÉVILLE

Le club espagnol de Séville détient le record de titres en UEFA Europa League. Il a remporté la compétition à six reprises, dont trois successives entre 2014 et 2016. Deux de ces victoires se sont soldées aux tirs au but.

L'impressionnante Coupe UEFA est le trophée le plus lourd créé par l'UEFA. Il s'agit de la seule coupe de l'UEFA sans poignées.

L'IFK Göteborg a joué 25 matchs consécutifs en Coupe UEFA entre 1980 et 1987, sans perdre la moindre rencontre. Le club suédois a remporté les éditions 1981-82 et 1986-87.

GLOIRE ESPAGNOLE

Ce sont les clubs espagnols qui imposent leur rythme dans cette compétition. L'Espagne compte 13 sacres en UEFA Europa League, un record. Séville, l'Atlético Madrid, le Real Madrid, Valence et Villarreal ont soulevé cette coupe. Cinq clubs anglais différents ont aussi inscrit leur nom au palmarès.

LE ROI HENRIK

L'attaquant suédois Henrik Larsson reste le meilleur buteur de l'histoire de la compétition avec 40 buts (dont ceux inscrits lors des tours de qualification).

QUADRUPLE COURONNE

Unai Emery détient le record de titres (4) en UEFA Europa League. Il l'a gagnée trois fois avec Séville et une fois avec Villarreal.

CONMEBOL LIBERTADORES

La CONMEBOL Libertadores, aussi connue sous le nom de *Copa Libertadores*, est la plus grande compétition de clubs en Amérique du Sud. Initialement, seuls les champions de chaque pays pouvaient y participer. Aujourd'hui, plusieurs équipes issues d'un même pays peuvent se qualifier pour le tournoi.

Les Brésiliens de Palmeiras ont battu Santos 1-0 au Stade Maracanã, pour décrocher leur deuxième Copa Libertadores, en 2020.

Le légendaire entraîneur argentin Carlos Bianchi détient le record de victoires dans la compétition (4).

STATISTIQUES DU TOURNOI

RECORD DE TITRES	
INDEPENDIENTE	7
RECORD DE PARTICIPATIONS	
PEÑAROL	46
NACIONAL	46

HISTORIQUE	ANNÉE	ÉQUIPES
PREMIÈRE ÉDITION	1960	7
DERNIÈRE ÉDITION	2021	47
PROCHAINE ÉDITION	2022	47

SUPERSTAR DE SANTOS

La légende du Brésil Pelé (à droite) est certainement le plus connu des vainqueurs de la *Copa Libertadores*. Il a remporté la compétition à deux reprises avec le club brésilien de Santos, en 1962 et 1963.

PLUIE DE BUTS

La victoire la plus large de l'histoire de la *Copa Libertadores* remonte à 1970, quand les Uruguayens de Peñarol ont battu les Vénézuéliens de Valencia sur le score de 11-2 !

RECORD HISTORIQUE

Le gardien paraguayen Ever Hugo Almeida a remporté la compétition deux fois et détient le record du nombre de matchs disputés. Son total de 113 rencontres avec le maillot du Club Olimpia entre 1973 et 1990 pourrait ne jamais être dépassé.

COPA LIBERTADORES FEMENINA

Le tournoi féminin se tient tous les ans depuis 2009 et incarne la progression perpétuelle du football féminin en Amérique du Sud. Le club brésilien de São José est le plus titré (3 sacres) et compte parmi les sept clubs vainqueurs de la compétition. Jusqu'ici, des équipes du Brésil, du Chili, de Colombie, du Paraguay et du Venezuela ont atteint la finale.

COUPE DU MONDE DES CLUBS FIFA™

La première Coupe du Monde des Clubs de la FIFA s'est tenue en 2000. Cette compétition annuelle voit s'affronter les clubs champions des six confédérations reconnues par la FIFA, ainsi que les champions de la nation hôte. Ce tournoi sacre le meilleur club du monde.

Le but de Roberto Firmino (à droite) a permis à Liverpool d'inscrire son nom au palmarès de la Coupe du Monde des Clubs de la FIFA, en 2019.

RECORD DE TITRES	
REAL MADRID	4
RECORD DE PARTICIPATIONS	
AL AHLY	6

STATISTIQUES DU TOURNOI

HISTORIQUE	ANNÉE	ÉQUIPES
PREMIÈRE ÉDITION	2000	8
DERNIÈRE ÉDITION	2020	6
PROCHAINE ÉDITION	2021	7

HISTOIRE DE LA COUPE

Le trophée Sir Thomas Lipton était une compétition internationale de clubs, aujourd'hui disparue, elle est l'ancêtre de la Coupe du Monde des Clubs de la FIFA. La première édition s'est jouée en Italie et mettait aux prises des clubs anglais, italiens, allemands et suisses, en 1909.

COUPE INTERCONTINENTALE

Entre 1960 et 1979, la Coupe Intercontinentale se jouait en match aller-retour entre le vainqueur de la Coupe des clubs champions de l'UEFA et la *Copa Libertadores* CONMEBOL. De 1980 à 2004, le format de la compétition a changé pour se muer en un match simple, joué au Japon.

L'équipe brésilienne des Corinthians a remporté la première Coupe du Monde des Clubs de la FIFA, en 2000.

Le milieu de terrain Toni Kroos (à droite) a remporté cinq éditions de la Coupe du Monde des Clubs de la FIFA : une avec le Bayern et cinq avec le Real Madrid.

VAINQUEURS	ANNÉE
BAYERN MUNICH	2020
LIVERPOOL	2019
REAL MADRID	2018
REAL MADRID	2017
REAL MADRID	2016

AUTRES TOURNOIS FIFA

CHEZ LES JEUNES

En plus d'organiser les compétitions internationales destinées aux joueurs professionnels, la FIFA mise sur l'avenir du football en organisant de nombreux tournois internationaux destinés aux jeunes footballeurs et footballeuses.

L'Ukraine a battu la Corée du Sud pour remporter la Coupe du Monde des moins de 20 ans de la FIFA en 2019.

COUPE DU MONDE U-20 FIFA™

La Coupe du Monde des moins de 20 ans de la FIFA est l'occasion d'assister à l'émergence de futures stars du football. Le tournoi se tient tous les deux ans depuis 1977, la première édition s'est jouée en Tunisie et a été remportée par l'Union soviétique (l'actuelle Russie). Jusqu'en 2005, la compétition s'appelait Championnat du monde des jeunes de la FIFA. La première Coupe du Monde féminine des moins de 20 ans de la FIFA s'est tenue en 2008 au Chili.

COUPE DU MONDE U-20 FIFA™ STATISTIQUES

RECORD DE TITRES	
ARGENTINE	6

RECORD DE PARTICIPATIONS	
BRÉSIL	18

HISTORIQUE	ANNÉE	ÉQUIPES
PREMIÈRE ÉDITION	1977	16
DERNIÈRE ÉDITION	2019	24
PROCHAINE ÉDITION	2023	24

COUPE DU MONDE FÉMININE U-20 FIFA™ STATISTIQUES

RECORD DE TITRES	
ALLEMAGNE ÉTATS-UNIS	3

RECORD DE PARTICIPATIONS	
ALLEMAGNE / ÉTATS-UNIS	9

HISTORIQUE	ANNÉE	ÉQUIPES
PREMIÈRE ÉDITION	2006*	16
DERNIÈRE ÉDITION	2018	16
PROCHAINE ÉDITION	2022	À CONFIRMER

*Le tournoi des moins de 19 ans s'est joué en 2002 et 2004.

Le Japon a décroché son premier titre chez les moins de 20 ans en 2018, contre l'Espagne.

COUPE DU MONDE U-17 FIFA™

Cette compétition a été lancée en 1985 en tant que tournoi des moins de 16 ans, avant de réunir les moins de 17 ans à compter de 1991. Le Nigéria est le plus titré avec cinq victoires, tandis que le Brésil en compte quatre. L'édition féminine se tient depuis 2008. L'Espagne est championne en titre, tandis que la Corée du Nord est la seule à avoir remporté la compétition à deux reprises, en 2008 et 2016.

BLUE STARS/ TOURNOI JUNIORS FIFA™

Initialement lancée en 1939 par le FC Blue Stars, le club doyen de la ville de Zurich, cette compétition annuelle réunit les meilleures équipes de jeunes du monde pour permettre aux talents de demain de goûter au niveau international. La FIFA a repris l'organisation de ce tournoi en 1991.

Les Argentins de Boca Juniors ont remporté le Tournoi Juniors FIFA/Blue Stars à Zurich, en 2019.

STATISTIQUES

RECORD DE TITRES	
MANCHESTER UNITED	18

RECORD DE PARTICIPATIONS	
FC BLUE STARS	81

HISTORIQUE	ANNÉE	ÉQUIPES
PREMIÈRE ÉDITION	1939	4
DERNIÈRE ÉDITION	2019	10
PROCHAINE ÉDITION	2022	À CONFIRMER*

*Annonce faite hors délai d'impression.

COUPE DU MONDE DE FUTSAL™

Le futsal est une version du football qui se joue en salle, sur un sol dur, avec deux équipes de cinq joueurs. Ce sport dispose de sa propre Coupe du Monde, organisée par la FIFA depuis 1989. Le Brésil détient le record de titres, avec cinq sacres. La Lituanie organisera la prochaine édition en 2021.

L'Argentine a battu la Russie 5-4 et a gagné la Coupe du Monde de Futsal de la FIFA™, en 2016.

STATISTIQUES

RECORD DE TITRES	
BRÉSIL	5
RECORD DE PARTICIPATIONS	
ESPAGNE ARGENTINE	9

HISTORIQUE	ANNÉE	ÉQUIPES
PREMIÈRE ÉDITION	1989	16
DERNIÈRE ÉDITION	2016	24
PROCHAINE ÉDITION	2021	24

FIFAe WORLD CUP™

La FIFAe World Cup est une compétition virtuelle, l'équivalent de la Coupe du Monde de la FIFA™. Tous les ans, les meilleurs joueurs du monde s'affrontent sur le jeu vidéo de football FIFA pour tenter de décrocher la FIFAe World Cup.

L'Allemand Mohammed Harkous a été sacré champion en 2019, après avoir choisi de jouer à EA SPORTS FIFA 2019™ sur PS4.

La Grande Finale de la FIFAe World Cup™ 2019 a réuni plus de 47 millions de spectateurs en ligne sur les canaux de diffusion de la FIFA.

STATISTIQUES

HISTORIQUE	ANNÉE	ÉQUIPES
PREMIÈRE ÉDITION*	2004	8
DERNIÈRE ÉDITION	2019	32
PROCHAINE ÉDITION	2021	32

*Alors appelée FIFA Interactive World Cup™.

LA GRANDE FINALE

Des joueurs venus de plus de 60 pays s'affrontent pour décrocher l'une des 32 places qualificatives pour la Grande Finale. Le format de la compétition suit ensuite celui de la Coupe du Monde de la FIFA™, avec une phase de groupes, puis une phase à élimination directe menant à une finale.

LES RÉCOMPENSES FIFA THE BEST™

Tous les ans, la FIFA remet les trophées The Best™ récompensant les joueurs et entraîneurs du monde entier pour leurs performances sur l'ensemble de la saison. Au cours de cette cérémonie, les meilleurs joueurs, gardiens et entraîneurs du football masculin et féminin sont mis à l'honneur.

Robert Lewandowski, immense buteur du Bayern Munich, a été désigné The Best Joueur FIFA™ en 2020.

Ces récompenses individuelles étaient appelées Joueur de l'Année FIFA et Joueuse de l'Année FIFA par le passé.

L'Anglaise Lucy Bronze est devenue la toute première défenseuse à remporter le trophée The Best Joueuse FIFA™ en 2020.

THE BEST JOUEUR FIFA

JOUEUR	ANNÉE
ROBERT LEWANDOWSKI	2020
LIONEL MESSI	2019
LUKA MODRIĆ	2018
CRISTIANO RONALDO	2017
CRISTIANO RONALDO	2016

THE BEST JOUEUSE FIFA

JOUEUR	ANNÉE
LUCY BRONZE	2020
MEGAN RAPINOE	2019
MARTA	2018
LIEKE MARTENS	2017
CARLI LLOYD	2016

Manuel Neuer, gardien du Bayern Munich, est le dernier vainqueur en date de la récompense The Best™ Gardien FIFA.

Sarina Wiegman, sélectionneuse des Pays-Bas, a remporté le trophée The Best™ Entraîneuse en 2020, pour la deuxième fois de sa carrière.

ÉQUIPES DE L'ANNÉE

Des milliers de joueurs professionnels du monde entier votent pour inclure d'autres footballeurs et footballeuses au sein du FIFA FIFPro WorldXI masculin et féminin. Chaque équipe se compose des 11 joueurs/joueuses désigné(e)s comme les meilleur(e)s de la saison.

AUTRES RÉCOMPENSES

Trois autres prix complètent la liste des récompenses annuelles. Le Prix Puskás FIFA est remis au joueur ou à la joueuse qui inscrit le plus beau but de l'année calendaire, tandis que le Prix du Fair Play FIFA met à l'honneur le comportement sportif qui incarne les valeurs du fair-play. Le Fan Award FIFA, quant à lui, récompense toute forme particulière d'engagement et de passion.

LES PALMARÈS

COMPÉTITIONS INTERNATIONALES

COUPE DU MONDE DE LA FIFA™

ANNÉE	PAYS
1930	URUGUAY
1934	ITALIE
1938	ITALIE
1950	URUGUAY
1954	ALLEMAGNE DE L'OUEST
1958	BRÉSIL
1962	BRÉSIL
1966	ANGLETERRE
1970	BRÉSIL
1974	ALLEMAGNE DE L'OUEST
1978	ARGENTINE
1982	ITALIE
1986	ARGENTINE
1990	ALLEMAGNE DE L'OUEST
1994	BRÉSIL
1998	FRANCE
2002	BRÉSIL
2006	ITALIE
2010	ESPAGNE
2014	ALLEMAGNE
2018	FRANCE

COUPE DU MONDE FÉMININE DE LA FIFA™

ANNÉE	PAYS
1991	ÉTATS-UNIS
1995	NORVÈGE
1999	ÉTATS-UNIS
2003	ALLEMAGNE
2007	ALLEMAGNE
2011	JAPON
2015	ÉTATS-UNIS
2019	ÉTATS-UNIS

JEUX OLYMPIQUES – TOURNOI FÉMININ

ANNÉE	PAYS
1996	ÉTATS-UNIS
2000	NORVÈGE
2004	ÉTATS-UNIS
2008	ÉTATS-UNIS
2012	ÉTATS-UNIS
2016	ALLEMAGNE
2020*	

*Jeux de Tokyo repoussés en 2021 à cause de la pandémie mondiale de COVID-19 survenue en 2020.

JEUX OLYMPIQUES – TOURNOI MASCULIN

ANNÉE	PAYS	ANNÉE	PAYS
1900	GRANDE-BRETAGNE	1972	POLOGNE
1904	CANADA	1976	ALLEMAGNE DE L'OUEST
1908	GRANDE-BRETAGNE	1980	TCHÉCOSLOVAQUIE
1912	GRANDE-BRETAGNE	1984	FRANCE
1920	BELGIQUE	1988	UNION SOVIÉTIQUE
1924	URUGUAY	1992	ESPAGNE
1928	URUGUAY	1996	NIGERIA
1936	ITALIE	2000	CAMEROUN
1948	SUÈDE	2004	ARGENTINE
1952	HONGRIE	2008	ARGENTINE
1956	UNION SOVIÉTIQUE	2012	MEXIQUE
1960	YOUGOSLAVIE	2016	BRÉSIL
1964	HONGRIE	2020*	
1968	HONGRIE		

CHAMPIONNAT D'EUROPE DE L'UEFA

ANNÉE	PAYS
1960	UNION SOVIÉTIQUE
1964	ESPAGNE
1968	ITALIE
1972	ALLEMAGNE DE L'OUEST
1976	TCHÉCOSLOVAQUIE
1980	ALLEMAGNE DE L'OUEST
1984	FRANCE
1988	PAYS-BAS
1992	DANEMARK
1996	ALLEMAGNE
2000	FRANCE
2004	GRÈCE
2008	ESPAGNE
2012	ESPAGNE
2016	PORTUGAL
2020*	ITALIE

*EURO 2020 reporté en 2021 à cause de la pandémie mondiale de COVID-19 de 2020.

CHAMPIONNAT D'EUROPE FÉMININ DE L'UEFA

ANNÉE	PAYS
1984	SUÈDE
1987	NORVÈGE
1989	ALLEMAGNE DE L'OUEST
1991	ALLEMAGNE
1993	NORVÈGE
1995	ALLEMAGNE
1997	ALLEMAGNE
2001	ALLEMAGNE
2005	ALLEMAGNE
2009	ALLEMAGNE
2013	ALLEMAGNE
2017	PAYS-BAS

COPA AMÉRICA CONMEBOL

ANNÉE	PAYS
1916	URUGUAY
1917	URUGUAY
1919	BRÉSIL
1920	URUGUAY
1921	ARGENTINE
1922	BRÉSIL
1923	URUGUAY
1924	URUGUAY
1925	ARGENTINE
1926	URUGUAY
1927	ARGENTINE
1929	ARGENTINE
1935	URUGUAY
1937	ARGENTINE
1939	PEROU
1941	ARGENTINE
1942	URUGUAY
1945	ARGENTINE
1946	ARGENTINE
1947	ARGENTINE
1949	BRÉSIL
1953	PARAGUAY
1955	ARGENTINE
1956	URUGUAY
1957	ARGENTINE
1959	ARGENTINE*
1963	BOLIVIE
1967	URUGUAY
1975	PEROU
1979	PARAGUAY
1983	URUGUAY
1987	URUGUAY
1989	BRÉSIL
1991	ARGENTINE
1993	ARGENTINE
1995	URUGUAY
1997	BRÉSIL
1999	BRÉSIL
2001	COLOMBIE
2004	BRÉSIL
2007	BRÉSIL
2011	URUGUAY
2015	CHILI
2016	CHILI
2019	BRÉSIL
2021	ARGENTINE

*Deux Championnats d'Amérique du Sud ont été organisés en 1959. L'autre, appelé Championnat d'Amérique du Sud 1959, a été remporté par l'Uruguay.

COPA AMÉRICA FEMENINA

ANNÉE	PAYS	ANNÉE	PAYS
1991	BRÉSIL	2006	ARGENTINE
1995	BRÉSIL	2010	BRÉSIL
1998	BRÉSIL	2014	BRÉSIL
2003	BRÉSIL	2018	BRÉSIL

COUPE D'AFRIQUE DES NATIONS

ANNÉE	PAYS	ANNÉE	PAYS
1957	ÉGYPTE	1990	ALGÉRIE
1959	RÉPUBLIQUE ARABE UNIE	1992	CÔTE D'IVOIRE
1962	ÉTHIOPIE	1994	NIGÉRIA
1963	GHANA	1996	AFRIQUE DU SUD
1965	GHANA	1998	ÉGYPTE
1968	R.D. CONGO	2000	CAMEROUN
1970	SOUDAN	2002	CAMEROUN
1972	CONGO	2004	TUNISIE
1974	ZAÏRE	2006	ÉGYPTE
1976	MAROC	2008	ÉGYPTE
1978	GHANA	2010	ÉGYPTE
1980	NIGÉRIA	2012	ZAMBIE
1982	GHANA	2013	NIGÉRIA
1984	CAMEROUN	2015	CÔTE D'IVOIRE
1986	ÉGYPTE	2017	CAMEROUN
1988	CAMEROUN	2019	ALGÉRIE

COUPE D'ASIE AFC

ANNÉE	PAYS
1956	CORÉE DU SUD
1960	CORÉE DU SUD
1964	ISRAËL
1968	IRAN
1972	IRAN
1976	IRAN
1980	KOWEÏT
1984	ARABIE SAOUDITE
1988	ARABIE SAOUDITE
1992	JAPON
1996	ARABIE SAOUDITE
2000	JAPON
2004	JAPON
2007	IRAK
2011	JAPON
2015	AUSTRALIE
2019	QATAR

COUPE D'AFRIQUE FÉMININE DES NATIONS

ANNÉE	PAYS	ANNÉE	PAYS	ANNÉE	PAYS
1991	NIGÉRIA	2004	NIGÉRIA	2014	NIGÉRIA
1995	NIGÉRIA	2006	NIGÉRIA	2016	NIGÉRIA
1998	NIGÉRIA	2008	GUINÉE ÉQUATORIALE	2018	NIGÉRIA
2000	NIGÉRIA	2010	NIGÉRIA		
2002	NIGÉRIA	2012	GUINÉE ÉQUATORIALE		

COUPE D'ASIE FÉMININE AFC

ANNÉE	PAYS	ANNÉE	PAYS	ANNÉE	PAYS
1975	NOUVELLE-ZÉLANDE	1991	CHINE	2006	CHINE
1977	CHINE	1993	CHINE	2008	CORÉE DU NORD
1979	TAÏWAN	1995	CHINE	2010	AUSTRALIE
1981	TAÏWAN	1997	CHINE	2014	JAPON
1983	THAÏLANDE	1999	CHINE	2018	JAPON
1986	CHINE	2001	CORÉE DU NORD		
1989	CHINE	2003	CORÉE DU NORD		

COUPE DES CLUBS CHAMPIONS/CHAMPIONS LEAGUE UEFA

ANNÉE	ÉQUIPE	ANNÉE	ÉQUIPE	ANNÉE	ÉQUIPE
1955–56	REAL MADRID	1977–78	LIVERPOOL	1999–2000	REAL MADRID
1956–57	REAL MADRID	1978–79	NOTTINGHAM FOREST	2000–01	BAYERN MUNICH
1957–58	REAL MADRID	1979–80	NOTTINGHAM FOREST	2001–02	REAL MADRID
1958–59	REAL MADRID	1980–81	LIVERPOOL	2002–03	AC MILAN
1959–60	REAL MADRID	1981–82	ASTON VILLA	2003–04	PORTO
1960–61	BENFICA	1982–83	HAMBOURG	2004–05	LIVERPOOL
1961–62	BENFICA	1983–84	LIVERPOOL	2005–06	BARCELONE
1962–63	AC MILAN	1984–85	JUVENTUS	2006–07	AC MILAN
1963–64	INTERNAZIONALE	1985–86	STEAUA BUCAREST	2007–08	MANCHESTER UTD
1964–65	INTERNAZIONALE	1986–87	PORTO	2008–09	BARCELONE
1965–66	REAL MADRID	1987–88	PSV EINDHOVEN	2009–10	INTERNAZIONALE
1966–67	CELTIC	1988–89	AC MILAN	2010–11	BARCELONE
1967–68	MANCHESTER UTD	1989–90	AC MILAN	2011–12	CHELSEA
1968–69	AC MILAN	1990–91	ÉTOILE ROUGE BELGRADE	2012–13	BAYERN MUNICH
1969–70	FEYENOORD	1991–92	BARCELONE	2013–14	REAL MADRID
1970–71	AJAX	1992–93	MARSEILLE	2014–15	BARCELONE
1971–72	AJAX	1993–94	AC MILAN	2015–16	REAL MADRID
1972–73	AJAX	1994–95	AJAX	2016–17	REAL MADRID
1973–74	BAYERN MUNICH	1995–96	JUVENTUS	2017–18	REAL MADRID
1974–75	BAYERN MUNICH	1996–97	BORUSSIA DORTMUND	2018–19	LIVERPOOL
1975–76	BAYERN MUNICH	1997–98	REAL MADRID	2019–20	BAYERN MUNICH
1976–77	LIVERPOOL	1998–99	MANCHESTER UTD	2020–21	CHELSEA

UEFA WOMEN'S CHAMPIONS LEAGUE

ANNÉE	ÉQUIPE
2001–02	FRANCFORT
2002–03	UMEÅ
2003–04	UMEÅ
2004–05	TURBINE POTSDAM
2005–06	FRANCFORT
2006–07	ARSENAL
2007–08	FRANCFORT
2008–09	DUISBOURG
2009–10	TURBINE POTSDAM
2010–11	LYON
2011–12	LYON
2012–13	WOLFSBURG
2013–14	WOLFSBURG
2014–15	FRANCFORT
2015–16	LYON
2016–17	LYON
2017–18	LYON
2018–19	LYON
2019–20	LYON
2020–21	BARCELONE

UEFA EUROPA LEAGUE

ANNÉE	ÉQUIPE
1971–72	TOTTENHAM HOTSPUR
1972–73	LIVERPOOL
1973–74	FEYENOORD
1974–75	BORUSSIA MÖNCHENGLADBACH
1975–76	LIVERPOOL
1976–77	JUVENTUS
1977–78	PSV EINDHOVEN
1978–79	BORUSSIA MÖNCHENGLADBACH
1979–80	EINTRACHT FRANCFORT
1980–81	IPSWICH TOWN
1981–82	IFK GÖTEBORG
1982–83	ANDERLECHT
1983–84	TOTTENHAM HOTSPUR
1984–85	REAL MADRID
1985–86	REAL MADRID
1986–87	IFK GÖTEBORG
1987–88	BAYER LEVERKUSEN
1988–89	NAPOLI
1989–90	JUVENTUS
1990–91	INTERNAZIONALE
1991–92	AJAX
1992–93	JUVENTUS
1993–94	INTERNAZIONALE
1994–95	PARME
1995–96	BAYERN MUNICH
1996–97	SCHALKE
1997–98	INTERNAZIONALE
1998–99	PARME
1999–2000	GALATASARAY
2000–01	LIVERPOOL
2001–02	FEYENOORD
2002–03	PORTO
2003–04	VALENCE
2004–05	CSKA MOSCOW
2005–06	SÉVILLE
2006–07	SÉVILLE
2007–08	ZENIT ST PÉTERSBOURG
2008–09	SHAKHTAR DONETSK
2009–10	ATLÉTICO MADRID
2010–11	PORTO
2011–12	ATLÉTICO MADRID
2012–13	CHELSEA
2013–14	SÉVILLE
2014–15	SÉVILLE
2015–16	SÉVILLE
2016–17	MANCHESTER UTD
2017–18	ATLÉTICO MADRID
2018–19	CHELSEA
2019–20	SÉVILLE
2020–21	VILLAREAL

COPA LIBERTADORES

ANNÉE	ÉQUIPE
1960	PEÑAROL
1961	PEÑAROL
1962	SANTOS
1963	SANTOS
1964	INDEPENDIENTE
1965	INDEPENDIENTE
1966	PEÑAROL
1967	RACING
1968	ESTUDIANTES
1969	ESTUDIANTES
1970	ESTUDIANTES
1971	NACIONAL
1972	INDEPENDIENTE
1973	INDEPENDIENTE
1974	INDEPENDIENTE
1975	INDEPENDIENTE
1976	CRUZEIRO
1977	BOCA JUNIORS
1978	BOCA JUNIORS
1979	OLIMPIA
1980	NACIONAL
1981	FLAMENGO
1982	PEÑAROL
1983	GRÊMIO
1984	INDEPENDIENTE
1985	ARGENTINOS JUNIORS
1986	RIVER PLATE
1987	PEÑAROL
1988	NACIONAL
1989	ATLÉTICO NACIONAL
1990	OLIMPIA
1991	COLO-COLO
1992	SÃO PAULO
1993	SÃO PAULO
1994	VÉLEZ SARSFIELD
1995	GRÊMIO
1996	RIVER PLATE
1997	CRUZEIRO
1998	VASCO DA GAMA
1999	PALMEIRAS
2000	BOCA JUNIORS
2001	BOCA JUNIORS
2002	OLIMPIA
2003	BOCA JUNIORS
2004	ONCE CALDAS
2005	SÃO PAULO
2006	INTERNACIONAL
2007	BOCA JUNIORS
2008	LDU QUITO
2009	ESTUDIANTES
2010	INTERNACIONAL
2011	SANTOS
2012	CORINTHIANS
2013	ATLÉTICO MINEIRO
2014	SAN LORENZO
2015	RIVER PLATE
2016	ATLÉTICO NACIONAL
2017	GRÊMIO
2018	RIVER PLATE
2019	FLAMENGO
2020	PALMEIRAS
2021*	

*L'édition 2021 doit se conclure en novembre.

COPA LIBERTADORES FEMENINA

ANNÉE	ÉQUIPE
2009	SANTOS
2010	SANTOS
2011	SÃO JOSÉ
2012	COLO-COLO
2013	SÃO JOSÉ
2014	SÃO JOSÉ
2015	FERROVIÁRIA
2016	SPORTIVO LIMPEÑO
2017	AUDAX/ CORINTHIANS
2018	ATLÉTICO HUILA
2019	CORINTHIANS
2020	FERROVIÁRIA
2021*	

*L'édition 2021 doit se conclure en octobre.

TOURNOI INTERCONTINENTAL DE CLUBS

FIFA CLUB WORLD CUP™

ANNÉE	ÉQUIPE
2000	CORINTHIANS
2005	SÃO PAULO
2006	INTERNACIONAL
2007	AC MILAN
2008	MANCHESTER UTD
2009	BARCELONE
2010	INTERNAZIONALE
2011	BARCELONE
2012	CORINTHIANS
2013	BAYERN MUNICH
2014	REAL MADRID
2015	BARCELONE
2016	REAL MADRID
2017	REAL MADRID
2018	REAL MADRID
2019	LIVERPOOL
2020	BAYERN MUNICH
2021*	

*L'édition 2021 doit se jouer en décembre.

INDEX

Les pages renvoyant vers des images sont en **gras**.

Les éditeurs souhaitent remercier les sources suivantes, qui nous ont permis de reproduire les images présentes dans cet ouvrage.

Légende : H = Haut, B = Bas, G = Gauche, D = Droite C = Centre

ALAMY : /agefotostock : 8BCG ; /Lordprice Collection : 9BG ; /The Picture Art Collection : 8BD
BRIDGEMAN IMAGES : /National Football Museum : 9H ; /Pictures from History : 8BCD
GETTY IMAGES : /2022 Supreme Committee for the Delivery & Legacy for the FIFA World Cup Event : 28H, 35 ; /AFP : 61G, 71BG ; /The AGE/Fairfax Media : 27BD ; /Luis Acosta/AFP : 20G ; /Odd Andersen/AFP : 69BD ; /Mladen Antonov/AFP : 26C ; /Nicolas Asfouri/AFP : 68 ; /Matthew Ashton/AMA : 41HG, 49HD, 77BD, 105BG ; /Marc Atkins/Offside : 107HD ; /Naomi Baker/FIFA : 14, 82, 97B ; /Steve Bardens/FIFA : 113HD ; /Lars Baron/Bongarts : 25BG, 34BD, 117G ; /Lars Baron/FIFA : 59BD, 71BD ; /Robbie Jay Barratt/AMA : 6-7 ; /Gunnar Berning/Bongarts : 105D ; /Marco Bertorello/AFP : 116 ; /Lionel Bonaventure/AFP : 11HD ; / Bongarts : 17HD, 67B ; /Gabriel Bouys/AFP : 87BD ; /Jose Breton/NurPhoto : 62 ; /Chris Brunskill/Fantasista : 21BD, 56 ; /Clive Brunskill : 24, 66 ; /Eric Cabanis/AFP : 102HD ; /Giuseppe Cacace/AFP : 51BG ; /David Cannon/Allsport : 57G ; /Alex Caparros/ FIFA : 29BG ; /Robert Cianflone : 33BD, 76BD ; /Robert Cianflone/FIFA : 40 ; /Yuri Cortez/AFP : 80 ; /Harold Cunningham/UEFA : 104D ; /DeFodi/Anadolu Agency : 44 ; /Johannes Eisele/AFP : 39HG ; /Pat Elmont/FIFA : 21D ; /Elsa : 89HD ; /Franck Fife/AFP : 17BD, 36, 37 ; /Julian Finney : 41BG ; /Fototeca Storica Nazionale : 69HD ; /Lluis Gene/AFP : 100 ; /Goh Chai Hin/AFP : 53HD ; / Luka Gonzales/AFP : 108 ; /Patrick Gorski/Icon Sportswire : 48 ; /Laurence Griffiths : 38H, 75BD ; /Dennis Grombkowski/ Bongarts : 107HG ; /Jeff Gross : 95BD ; /Jack Guez/AFP : 53BG ; /Matthias Hangst : 64 ; /Etsuo Hara : 76HG, 111D ; /Ronny Hartmann/Bongarts : 25D ; /Ferdi Hartung/ullstein bild : 109 ; /Mike Hewitt : 88, 102BD ; /Maja Hitij : 117D ; /Catherine Ivill/AMA : 73BG ; /Amin Mohammad Jamali : 54-55 ; /Michael Kappeler/AFP : 38BD ; /Keystone/Hulton Archive : 16HD ; /Junko Kimura : 94HD ; /Christof Koepsel : 95HD ; /Christof Koepsel/Bongarts : 67HG ; /Christof Koepsel/UEFA : 73HG ; /Uwe Kraft/ullstein bild : 20BD ; /Kirill Kudryavtsev/AFP : 106 ; /Bertrand Langlois/AFP : 57BD ; /Christopher Lee/UEFA : 43H ; /Francisco Leong/AFP : 42 ; /Matthew Lewis/FIFA : 59HC ; /Christian Liewig/TempSport/Corbis : 102BG ; /Alex Livesey : 43BD, 86 ; /Alex Livesey/FIFA : 75HG, 112 ; /Jaime Lopez/LatinContent : 91HG ; /Andy Lyons : 15BG ; /Marcio Machado : 83 ; /Ian MacNicol : 60 ; /Ian MacNicol/FIFA : 114 ; /Douglas Magno/AFP : 85G ; /Stephane Mantey/Corbis/VCG : 78 ; /Ronald Martinez : 49BG ; /Eamonn McCormack/FIFA : 115 ; / Jamie McDonald : 65G, 71H ; /Paul Mealey/Mirrorpix : 16B ; /Buda Mendes : 89G ; /Mark MeHCalfe : 96 ; /Maddie Meyer/FIFA : 79 ; /Sandro Pereyra/Latin Content : 91D ; /Philippe Perusseau/Icon Sport : 39BD ; /Ralf Pollack/ullstein bild : 51HG ; /Popperfoto : 10, 17G, 91BG ; /Anne-Christine Poujoulat/AFP : 70 ; /Dani Pozo/AFP : 74 ; /Jerome Prevost/TempSport/Corbis/VCG : 61HD ; / David Price/Arsenal FC : 26BD ; /Quality Sport Images : 12BG, 58, 59BG, 63HG, 103 ; /Ben Radford : 51BD ; /Roslan Rahman/AFP : 52 ; /David Ramos : 75G ; /David Ramos/FIFA : 110 ; /Michael Regan : 98-99 ; /Claudio Reyes/AFP : 47BG ; /Rischgitz : 9BC ; /Rolls Press/Popperfoto : 34H, 57HG, 87BG ; /Jewel Samad/AFP : 32, 33BG ; /Tobias Schwarz/AFP : 45 ; /Ezra Shaw : 21G ; /Christophe Simon/AFP : 27HG, 107BG ; /Javier Soriano/AFP : 30-31 ; /Simon Stacpoole/Offside : 18-19 ; /Michael Steele : 77HG, 90, 101 ; /Billy Stickland/Inpho Photography : 92 ; /Patrik Stollarz/AFP : 69G ; /Bob Thomas : 15C, 65D, 84, 85HG, 85BD, 89BD, 93, 94BD, 111G ; /Bob Thomas/Popperfoto : 11HG, 15HG, 87HD ; /Mark Thompson : 50 ; /Brendon Thorne : 97HD ; /Topical Press Agency : 63HD ; / Tottenham Hotspur FC : 28B, 29G ; /Lucas Uebel : 46 ; /Pedro Ugarte/AFP : 47HG ; /Universal/Corbis/VCG : 39BG ; /VI Images : 72, 73BD, 104G ; /Eric Verhoevan/Soccrates : 63BD ; /Sebastian Widmann/FIFA : 113BG ; /Charlotte Wilson/Offside : 27G ; /Greg Wood/AFP : 81.

NATIONAL ARMY MUSEUM : 11BG.

ADRIAN ROEBUCK : 9BD.

SHUTTERSTOCK : /SL-Photography : 8BG ; /Gino Santa Maria : 16HD.

Tous les efforts ont été mis en place pour citer correctement et contacter la source et/ou le détenteur des droits de reproduction de chaque image. Toute erreur non intentionnelle ou omission sera corrigée dans les futures éditions de cet ouvrage.